クラッシュ・マーケティング

THE STICKING POINT SOLUTION

ビジネスの停滞要因＝スティッキング・ポイントを破砕する9つの方策

ジェイ・エイブラハム［著］
Jay Abraham
金森重樹［監訳］

実業之日本社

クラッシュ・マーケティング

ビジネスの停滞要因＝スティッキング・ポイントを破砕する９つの方策

本書は、ビジネスオーナー、起業家、プロフェッショナル、事業を立ち上げようとしている人、マネージャー等々に向けて執筆した。
あなたがそのビジネスを、どんな環境にあってもずっと存続させ、成長させ、成功させ続ける一助になることを願ってやまない。

ジェイ・エイブラハム

クラッシュ・マーケティング◎目次

第2章

第3章

第4章

破砕策3 「戦略化、分析、システム化」で安定した業績を得る

第5章

破砕策4 時間と行動をマネジメントして戦略的企業となる

第6章

破砕策5 効果測定とアライアンスで強靭な収益構造をつくる

第7章

破砕策6 リミッターを外し、現状を打破する

第8章

破砕策7 「三つのP」で市場における絶対者になる

第9章

破砕策8 マーケティングの力を三〇〇％活用して、価値に気づかせる

第10章 破砕策9 ジョイントベンチャーでビジネスを最大限に拡大する

序章

今こそ、ライバルに大差をつけるチャンス

なぜライバル企業に打ち勝つ好機なのか

私は不況が大好きだ。

不況は、受ける痛手も大きいが、景気のいいときよりも悪いときのほうが、成長分野が豊富にあることに気づかせてくれる。

不況においてこそ、ライバル企業の何周も先を走ることができる。要はこの苦境をバネにすることができれば、一人勝ちできるのだ。景気のいいときには誰も気づかなかったビジネスチャンスや、市場、取引、発想に気づける。その方法を教えようというのがこの本なのだ。

まずはお尋ねしたい。あなたのビジネスは、もしや行き詰まってはいないだろうか。

毎年予想した通りに成長していなければ、その企業は「行き詰まって」いる。市場の波に押し流されるビジネスは、市場が干上がった途端に干上がる。なぜなら、自らの運命を自らが握っていないからだ。

たとえば、前期一〇万ドル、今期一一万ドルの利益を出した会社を考えてみよう。伸びたのは市場だけで、CEO自身は何ら戦略的な手を打ってこなかった可能性がある。こうした場合、市場が干上がると、経営に行き詰まった企業はその道連れになる。

あなたにも必ず「eXファクター」がある

多くのビジネスが行き詰まり、そこから抜け出せないのはなぜだろうか。

以下がビジネス停滞の理由トップ4だ。

①事業のあらゆる側面に成長思考を取り入れていない
②成果を計測、監視、比較、数値化していない
③綿密なマーケティング戦略や計画、具体的な業績予測を立てていない
④適切かつ具体的な目標の立て方がわからない

こうした問題は不況によって助長される。不況と聞くだけで人は動きが鈍くなる。何をしたらいいのかがわからず、何もしないか、もともとうまくいっていなかったことをますますやるようになる。

本書の目的は、そんな道を辿らずに済む方法をあなたに知ってもらうことだ。戦略的に動き、会社や部署で賢く舵を取り、利益率の高いクライアント（顧客）を育ててつなぎ止め、競争相手の弱みに乗じる方法を知れば、好景気のとき以上に稼げることに気づくはずだ。

経営者や個人事業主にとって景気後退や不況は、恐怖のひと言に尽きるだろう。景気のいいときは、黙っていても向こうから仕事がやってくる。能力がなくても引っぱられてビジネスを伸ばすことができるのだ。

ところが不況になると、こうした人たちは立ち往生してしまう。何をすればいいのかわからず途方に暮れる。それまでと同じ無駄な仕事にもっと時間を費やすようになるが、景気のいいときには上向きのパワーに隠れて見えなかった無能さがむき出しにされる。

少数だが、不況の中で戦略性を身につける会社がある。こうした会社は、成長思考戦略を推し進めることにより、それまで購入したことのなかった人や購入を踏みとどまっていた人、あるいはその商品やサービスにニーズを感じていなかった人といった市場の新規クライアント（顧客）の大半を獲得する。それだけでなく、すべてのライバルから最優良クライアント（顧客）の一五〜二〇％を獲得するのだ。

本書で披露する「価値提案」「断れないオファー」「先制」といったコンセプトを真剣に理解しようという覚悟のできている人は、形ある成功を手にできるはずだ。

どの企業にも、高い「プラスのレバレッジ効果」を持つ要素が常に二〇から五〇は存在している。そうした要素、つまり「eXファクター」に気づき、それを活かせば、収入はエクスポネンシャル（指数関数的）に増える。会社への問い合わせや、ホームページにアクセスする人が増える。取引を楽に成立させられるようになる。一度しか買ってくれなかった顧客が事あるごとに買ってくれるようになり、一度も買ってくれなかった顧客が何かしら買ってくれるようになる。

これらのファクターとは、顧客や売上や利益を拡大し、市場の発掘や転換を促し、顧客との関係を築き保つきっかけを増やすためにあなたができる、驚くほど単純な物事をいう。会社に五〇の「eXファクター」があったとして、そのうちの一〇を強化しただけでも、厳しい時期を乗り越えられるだけでなく、かつてない成功をいつでもおさめられるようになる。

「よくわかっている」人たちの共通点

ビジネスで成功するとは、人が気づいていないニーズやニーズの変化を見つけ、自分にしかない知恵や共感、理解のしかたでそれに応える、それだけのことだ。要するに、人が認識さえしていないかもしれない問題を解決することである。

問題には三種類ある。自分自身の問題、競争相手の問題、そして市場の問題だ。

苦しい時期には、あなたもあなたのライバルも、問題が何なのかわからなくなることがあるだろう。問題を解決するどころか、それを言い表すこともできないかもしれない。

しかし、どんな問題に直面し、解決しようとしているのかがはっきりすれば、そうした問題を自分や市場のために解決し、その道の達人になれる。そうなれば、報酬がたっぷり待っている。たまに「よくわかっている」起業家や企業が現れる。

たとえば、航空会社のジェットブルー。同社は、ビジネスマンがフライト中、死ぬほど退屈な思いをしていることに気づき、各座席にテレビを設置した。単純なアイデアだが、効果てきめんだった。それから、ファイナンシャルアドバイザーで作家のハワード・ラフ。自称、中流階級投資家の「擁護者」だ。富裕層向けの情報ばかりが豊富で、中流階級の投資家たちが相手にされていないのに気づいたラフは、こうしたまだ金持ちでない人々向けにアドバイスを提供して大成功した。アメリカン・エキスプレスも「よくわかっている」企業だ。顧客の購買傾向を調べ、顧客ごとに購買意欲をそそる内容のダイレクトメールを送っている。

市場全体に感じる問題の一つに、私が「不確信による不決断（ambivalent uncertainty）」と呼ぶものがある。それは、顧客があなたから買うかどうかを決めかねているだけでなく、そもそも買うべきかどうかを迷っているという意味だ。

たとえば、シネコンの入り口で上映中の映画タイトルを眺め、どれにも心動かされず、自分は本当に映画が見たかったのだろうかと疑い始める人。どうすれば彼はあなたの映画のチケットを買ってくれるだろうか。そこをクリアすれば、劇場に入った彼がポップコーンやジュースを買い、数カ月後にはこの映画のDVDまで買ってくれる可能性も開けてくる。

「不確信による不決断」は、顧客がその商品やサービスの必要性を完全に納得していないときや、あなたの会社が頼れる問題解決者であるとはっきりと確信していないときに起こる。

このたった二つの「eXファクター」を最大限活かし、あなたの提供品が必要かどうか、あなたの会社を選んで大丈夫だろうかという顧客の迷いやためらいを取り除くことさえできれば、とてつもない成功を手にすることができるのだ。

行き詰まりから抜け出す最善策とは

「行き詰まっている」ことが問題なら、そこから抜け出すには何が必要なのか。次に七つの策を挙げていこう。

【策1】数字を細分化する

月次、年次はもちろんのこと、商品別見込み客数や新規売上、平均売上、平均経路別割合も割り出す。次に、これらのデータから分析できる限りの相関関係、予測される結果、異常などを読み取る。

【策2】体系化された戦略的プロセスを採用する

体系化された戦略的プロセスとは、見込み客や初めての顧客を呼び込むための連続性、予測可能性、持続性のあるプロセスをいう。たとえば、顧客を後押しして繰り返し購入を促し、その予測購入頻度から、今日の数字を見て九〇日後や一〇〇日後の業績予測をできるようにする。他社が相変わらずダイレクトメールを使っているときに、あなたの会社はオンラインセミナーを開催し、ソーシャルメディアなど数年前には思いも寄らなかったツールを駆使している……等々だ。

【策3】毎年、足し算式だけでなく、かけ算式に儲けを増やす

コストコは、商品を売るより会員権を売るほうが儲かることに気づいた。今は、会員が店に足を運んで定期的に買い物をしてくれるように広告やマーケティングを行なっている。年会費を支払い続けてもらうためだ。また、巨漢たちが競い合って減量するテレビ番組「ビゲスト・ルーザー」は、「ビゲスト・ルーザー・クラブ」というオンラインクラブをつくり、会員から年会費をとっているが、三カ月ごとに一〇〇万人以上の人が会員になっている。これぞ本物のレバレッジだ。

【策4】自分のビジネスにとっての試練を把握する

そして、乗り越えられないものが一つもないことに気づく。景気がどんな状況にあっても収入を得る方法や、その状況を最大限有利に活かす方法は見いだせる。たとえば、他より一〇倍高い確率で自分の商品を買ってくれる顧客層の存在に気づき、彼らにうまくアプローチできれば、平均的な顧客よりも一七倍高い確率で買ってもらえる。また、広告はもう機能しないと思えば、迷わずフリー（無償）メディアを使う。会社のイベントや見本市でのマーケティング効果が期待できなければ、他社にまったく知られていない流通チャネルを築く。

【策5】市場から見た競合他社の魅力、優位点、差別性を知る

それらの点に対し、先手を打つか、対抗する手段を持つ。特定の顧客があなたの会社より他社を選ぶ理由を理解し、その状況を変える方法を知る。

【策6】あなたの商品やサービスの代わりに顧客が購入可能な商品やサービスを把握する

そうした顧客に、あなたを選ぶことが一番賢い選択だということを証明する。顧客を動機づけ、説得して重い腰をあげさせ、購買決定を促す。

【策7】すべての仕事に成長思考を取り入れる

「すべて」とは、すべての活動、投資、顧客や市場との関わりを含む。ケヴィン・トルドーは、記憶力や健康維持に関する著書で有名だが、インフォマーシャルの名人でもある。彼が成功しているのは、広告を打ってから価格を決めているからだ。先にインフォマーシャルで商品を紹介し、それを見た一〇〇〇人のうち何人から問い合わせがあるかを調べ、そこから儲けを最大にする価格をはじき出す。ふつうは市場が商品やサービスに払ってくれるだろう金額を勝手に想定してしまうが、トルドーは市場の声に耳を傾けるというステップを踏んでいるのだ。

以上は、あなたのビジネスを泥沼から救い出すためにできることのほんの数例だ。先を読み続ければまだまだ出てくる。

第1章

ビジネスが停滞する九つの要因

悪循環がますます状況を悪くする

中小企業と創業まもない企業の九五％は、業績目標を達成していない。それは、会社の事業計画が商品、市場、顧客移行、マーケティングという四つの基本要素にしっかりと根づいていないからだ。

ほとんどの企業が具体的で明確な将来像を持っていない。一度立てた予測を見直していない。「もしこうしたら……」といった、大儲けにつながるような仮定の話をしていない。

あなたもこの悪習から抜けられる。私の戦略を取り入れれば、毎年綿密で一貫性のある年間成長計画を立てるようになる。その計画に沿って、商品別、市場別、マーケティング策別、経路別、顧客タイプ別、そして月ごとやときには週ごとに細分化するようになる。すぐに実行に移せる戦略を立てるようになる。新しい戦略の成果を個々に辿り、最低二週間ごとに計測し、上下どちらでもズレを発見したら、手遅れになるまで放っておくのではなく、先回りして即座に手を打つようになる。

どこをつつけば一番大きな効果が得られるかがわかるようになる。何をすべきかを知り、戦略や対策を遂行できるようになる。会社の収益性を最大化するために、見返りの少ない活動に見切りをつけ、すぐに代わりの新しいアイデアを試すようになる。

それがプラス方向のズレなら、その分野をさらに拡大する。マイナス方向なら、別の活動に置き換えるか、やり方を見直すかして手を打つ。

行き詰まるとは、どんな気分だろうか。ストレス、不安、苛立ち。時間だけは過ぎていくのに何も変わらないという焦り。キャッシュフローや給料の支払いといった喜べない問題に時間をとられる。もっとプラスのレバレッジを生む活動に時間をかけたいのに、何をするのが一番賢明なのか判断できない。アイデアはあっても、何から手をつけていいのか、どうやって具体化したらいいのかわからない。わかっていたとしても、日々の危機的事態に忙殺され、戦略的な仕事に向ける気力も湧いてこない。収益は底をつき、広告の効果は乏しく、顧客は振り向かず、利幅は圧迫される。

たいていの人は、不景気になると、おそろしく人を裏切るような経費節減に走る。つまり、社員や知的資本といった、今の企業のほとんどが本当は一番必要としている資産を削る。これは大きな間違いだ。あなたの周囲にいる人の活力、情熱、知性、人的つながり、起業家精神ほど大きなプラスのレバレッジを生むものはない。第10章で説明するが、「自分一人でできる」的なメンタリティーは、六歳の子どもならほめられたものだが、二一世紀のビジネスの世界では通用しない。

皮肉なことに、人は行き詰まりを感じれば感じるほど、残念な結果しか出ていないにもかかわらず、現状や今のやり方から離れがたくなる。しかし、今の仕事のやり方や考え方を変えてみる絶好のタイミングがあるとすれば、景気の厳しいときしかない。販売かマーケティングか広告のどれかで、今までと違うやり方を一つだけ手堅く控えめに試したら、それが前よりも二割いい結果を生むかもしれない。そこでやめたら駄目だ。次の手が四割アップにつながるかもしれないではないか。

私が今まで見てきた中でも、そうした試験的な方法で業績が二一倍も向上したケースがあった。それなのに、幸運にも成功の階段を一段上った企業のほとんどは、一段だけの段階的成長に満足して行き詰まってしまう。

まずはスティッキング・ポイントをしっかりと認識すること

ビジネスの停滞要因、「スティッキング・ポイント」は以下の九つに分類できる。ここでは概略のみ紹介し、この後の章で一つひとつ取り上げる。

◉【要因1】強力なライバルの存在

あなたよりもライバルのほうが儲けているからといって、相手の商品やサービスのほうが優れているとは限らない。彼らのほうがおそらく賢いポジショニング、マーケティング、営業を展開しているにすぎないだろう。

今挙げたどの領域にも定期的なイノベーションが必要であるにもかかわらず、マーケティングや戦略、イノベーション、マネジメントで継続的なブレイクスルーの流れをつくり出している経営者は少ない。しかし、あなたのビジネスでも、イノベーションは驚くほど簡単に実現できる。それを第2章で説明する。

ブレイクスルーはどのようにして生み出すのか。リスクをコントロールする方法は。他の業界からブレイクスルーのヒントを見つけるには。第2章を読み終える頃には、成長への道が見えるはずだ。

◉【要因2】絶対的な売上不足

顧客を増やし、彼らの購入商品や頻度を増やし、今より早く楽に売れるようにするには、ゲームをどう変えればいいのか。話は簡単。勝ち目のないゲームから、自分だけが楽に安定的に勝てる別のゲームに転換することだ。

あなたのビジネスには改善できる要素がたくさんある。まずは営業部隊の仕事のしかたを変えることについて取り上げたい。営業マン全員にコンサルティング営業を訓練する。次に、広告を取り上げる。見出しの文句など、ちょっとしたことに思える要素を変えるだけで、引き合いが殺到する可能性があることを詳しく説明する。

あなたのビジネスには、変えることが有益な領域が他にも山ほどある。たとえば、人的資源の活用や企業メッセージだ。

第3章を読み終える頃には、先制、USP、卓越の戦略、コンサルティング営業を修得していることだろう。

◉【要因3】業績の不安定

業績が不安定で予測がつかないのは、あなたのビジネスに戦略、システム、分析が欠けているからだ。第4章では、一般購買客だけでなく、紹介客や推奨者との関係を一歩進め、向上させる巧みな顧客移行戦略という考え方を取り上げる。

「顧客移行戦略」とは、質量ともに最高の顧客があなたのオファーに興味を持ち、継続的にあなたから買い続けるようにする戦略のことをいう。彼らをあなたの販売システムに取り込み、システムの中を移行させていく。戦略としては、まず購買客や訪問者との関係をスタートさせるための系統だったシステムをつくる。電話、ホームページ、カタログ、ショールーム、テクニカルサポート、商品情報請求など、そこにはあなたのビジネスと顧客とのあらゆる接点が入ってくる。

このシステムには、無料サンプル、低価格商品、無償の教材、無料相談や無料診断など、関係構築につながるさまざまな手段が含まれる。このシステムにより、あなたがどんなクライアント（顧客）とどのようにコミュニケーションをとるかだけでなく、そうしたクライアント（顧客）を「見ているだけ」のグループ（潜在顧客）から低価格なものを試し買いするグループ（初回購入者）、そして最終的には高額なものをリピートして買うグループ（生涯クライアント顧客）へと押し上げ、取り込む方法がわかるようになる。

◉【要因4】戦略ゼロ

ほとんどの経営者や起業家は、戦略化、マネジメント、業績を伸ばす取り組みに専念できていない。それまでに慣れ親しんできた同じやり方で時間、カネ、ヒトを使い続け、相変わらずぱっとしない成果しか得ていない。

第5章では、戦略と戦術、効果と効率の違い、経営者の時間管理、「最大最善の活用」理論といった概念について取り上げる。あなたの仕事を短期間で何倍にも効果的にする方法をお教えする。

◉【要因5】経費が利益を食い尽くす

なぜ低迷する事業では、経費で儲けを使い果たしてしまうのだろうか。

第一に、マーケティングの費用対効果を測定していない場合が多く、測定していたとしても、現状のマーケティング戦略が原因だと結論づけている。第二に、経営が苦しくなると、販売やマーケティング投資を縮小しようとするが、本来なら、こうした投資を補強すべきだ。そして第三に、すべての活動について、全体的な見通しの測定期間を調節する必要がある。なぜなら、業績が悪化すると、営業活動ができなくなるからだ。

第6章では、すべての事業活動を、次の基本的でもっとも重要な質問に照らして分析する方法をお教えする。つまり、「投下した一ドルに対しいくらの見返りがあるのか」「将来的にいくらの儲けにつながるのか」。支払うものはすべて単なる経費ではなく、投資またはプロフィットセンターとして効果を測定すべきなのだ。

横並び価格の泥沼から抜け出すにはどうすればいいのか。どうしたら、高くても買わせることができるのか。大手企業と手を結ぶには、他社商品を取り入れるには、お金や時間をかけずに商品や技術にアクセスするには、新規市場や海外市場への足がかりをつくるには、相場よりずっと低コストで、研究開発を請け負ってもらうには、どのようにすればいいのか。第6章では、こうしたきわめて重要な質問に答えていく。

◉【要因6】新しいことにトライできない

経営者の中には、どうしても現状から抜け出せない人がいる。他社と同じ収益獲得法に基づいてビジネスを行なう傾向が強い。他の会社と同じことをしているということは、差別化していないということだ。

第7章では、効果のないことをやめ、現状思考を避け、新しいことを試し、その結果を計測し、大きな成果の見込める選択肢や活動、アプローチを検討することを習慣化する方法をお教えする。潜在的な推進力を持ちながら、業界では今までまったく手つかずだったところに解決策がある可能性がある。

◉【要因7】差別化・独自化できていない

よそと同じ商品を同じ価格で売る場合、付加価値を与えなければ市場からは見向きもされない。価値には、特典や保証、アクセス、技術サポートを増やすといったことが含まれる。自分、商品、会社、ビジネスモデルなどを差別化して、独創的で魅力的な価値のある会社だと思わせねばならない。

第8章では、どうすれば卓越、先制、所有のイメージを持つことができるかをお教えする。市場で特別な存在として見られることが必要であり、それができなければ市場から取り残され、コモディティー化する。

◉【要因8】マーケティング力不足

第9章では、マーケティングの力を活用することを覚えると、どれほど事業を爆発的に伸ばすことができるかお教えする。私はマーケティングをこう定義している。つまり、ある市場を構成する人々に、「私たちがあなたの問題を解決し、隙間を埋め、機会や望み、目標を実現します。よそに同じことはできません」と「教える」ことに尽きる。

その「問題」は、顧客が口にしたことのない問題かもしれない。しかし、もし自分のビジネスのこうした能力を効果的に伝えることができたら、間違いなく飛び抜けた成長を経験することができる。

第9章では、あなたのビジネスを飛躍的に伸ばす正しい判断力と最先端マーケティングの視点を手に入れる方法を伝授する。この章で重視したいのは、理解することではなく、行動に移すことだ。

◉【要因9】周囲の力を活用できない

子どもなら「独りでできる!」といってもいい。靴の紐を結んだり、シートベルトを締めたり……子どもは、自立することを覚えなければいけない。しかし、ビジネスの世界では、この「独りでやれる」というメンタリティーは、成功よりも失敗につながる可能性がはるかに高い。第10章では、「独りでやれる」という信念を捨てることで、いかにあなた自身や会社に莫大な富と成功の展望が開けるかお教えしよう。起業家とは本質的に人、能力、資産、資本、労力を活用する人のことだ。第10章では、自分以外の人の才能を活かす技術を伝授する。

成功へと続く確かな道筋

二一世紀のビジネス環境では、人と協力して何かをつくり出す能力が求められる。人はあらゆることを知ることはできないし、パズルのピースをすべて持つこともできない。

行き詰まりを解消するとは、違いを生む一番早くて楽な方法を選び、勝利をたくさん呼び込むことだ。それがあなたのやる気や期待感、そして業績を高めてくれるはずだ。

新しい顧客を継続的に引きつけ、彼らを初回購入者から常連客や生涯クライアント（顧客）に変え、それによって収益やビジネスモデルを改善し拡大し続けられるのは、適所に系統だったアプローチが用意されているという確信のおかげだ。

あなたはプラスのレバレッジを最大限発揮し続ける。

打つ手それぞれの影響力やコスト、目的と成果を具体的に把握している。

常に他社の先回りをして自分を差別化している。

市場のニーズや期待、夢、問題をどの企業よりも理解して明確に示し、市場に選ばれ大切にされる明快なソリューションを提供している。

進むべき方向性をきちんとわかって行動している。

自分で立てた具体的な実行計画に従い、調整している。

不確信から完全なる確信へ、混乱から心躍る喜びへ転じたあなた。

以上が本書の概要だ。

各章で、実証済みの行き詰まり解消法を紹介する。各章の終わりには、キーポイントのおさらいのほかに、今すぐ実践してほしい具体的なアクションステップを「即実行」と題して挙げることにする。

では、いざ九つのスティッキング・ポイントの破砕策へ！

第2章

破砕策1
「卓越の戦略」で強力なライバルに打ち勝つ

売上に大きな差が出た二人の友人の話

ピーター・ドラッカーは、こういった。「マーケティングとイノベーションは成果をもたらす。他はすべてコストである」。私なら、これに第三の収入獲得活動として、「戦略化」を加える。マーケティング、イノベーション、戦略化は、経営者が何よりも優先してすべきことなのに、この三つの領域でブレイクスルーを次々と生み出している経営者はほとんどいない。競争に負けていると思うなら、何か違うことをしたほうがいい。必要なのは、ほんの少しのイノベーションとキラー戦略。一例をお見せしよう。

数年前、同じビジネスチャンスをつかみながら、それぞれにまったく異なるアプローチをとった二人の友人がいた。一方は、戦術的で近視眼的に、もう一方は戦略的で長期的視野を持って。

一人目のトムは、それまで見過ごされてきた模造ダイヤといわれるジルコニアの市場性に気づいた。彼は三万ドルかけて「ロサンゼルスタイムズ」紙に、目玉となる一カラットの裸石、定価三九ドルを告知する全面広告を打った。巧みに練られたその広告は、四万二〇〇〇ドルの売上をもたらしたが、全費用を差し引くと利益は三〇〇〇ドル。トムは、この商売に魅力を感じなくなり、会社を畳んで撤退した。

二人目のラリーは、トムほどのコピーセンスは持っていなかったが、戦略家だった。彼が打った広告はトムのものより出来が悪かったため、ヴァン・プリス&ティサニー（ヴァン・クリーフ&アーペルとティファニーを彼なりにもじったのだろう）は、広告費を三万ドルかけてわずか二万八〇〇〇ドルしか売り上げなかった。間接費を引く前から二〇〇〇ドルの赤字だ。

ところがラリーは挫折せず、戦略の次の段階に踏み出した。商品を発送する際、安っぽいボール箱を使っていたトムに対し、ラリーは商品を高級ジュエリーケースに入れ、それをさらにビロードの袋に入れていた。広告費の他にパッケージ代にもお金をかけていたのだ。そして、手紙も添えている。

ヴァン・プリス&ティサニーの一カラットストーンをご購入いただき誠にありがとうございます。美しいジュエリーケースから取り出した石は一瞬にして光り輝き、私どもがお約束したよりもずっと美しいとお感じいただけることでしょう。

また、ご期待されていたよりも石が小さいとお感じになったかもしれません。実のところ、それがヴァン・プリス&ティサニー商品の特徴でもあるのです。このような群を抜く輝きを実現するために密度を高くしているため、一般に想像されるより二五％小さくなるのです。ですが、このダイヤの輝きを気に入ってくださった大勢のお客様が、もっと大きな五カラット、一〇カラットの石にお買い替えになり、さらにジュエリーへの加工を希望されています。そうした数多くのご要望にお応えするため、厳選した五カラットと一〇カラットの石を使った十四金、十八金のリングやネックレス、イヤリング、ブレスレットをご用意し、同封のカタログでご覧いただけるようにいたしました。それだけでなく、取扱量の大きさから、ジュエリー商品もすべて社内で製造しているため、同じ製品を宝石店で購入されるより五〇%お得なお値段となっております。
ぜひこの機会にアップグレードをご検討ください。ご返送用の箱と着払い伝票を同封し、クレジット決済期限も倍に延長いたしました。それだけでなく、お客様には、ご注文いただいたジュエリー商品を三〇日間お試しいただいてから初めて代金のお支払い義務が発生いたします。お買い上げの宝石をご家族やご友人がご覧になり、その美しさをほめてくださらなかったら、または同じものが宝石店でもっと安く購入できたとお感じになりましたら、どうぞご返品ください。面倒なお手続きは一切ございません。

三〇〇〇ドル儲けてすぐにやめたトムに対し、ラリー流戦略では最初は二〇〇〇ドル損したが、その後、一年目にして二五〇〇万ドルの純益を得るに至った。

第一ステージ＝最適化、第二ステージ＝イノベーション

経営者はきわめて高い割合でラリー派ではなく、トム派だ。「私が商売を繁盛・持続させようとし

て現在やっていることは、今選べる最高最良のアプローチなのだろうか」と立ち止まって振り返る人は少ない。

ラリーは、革新的な戦略によって、他社より抜きん出ることができた。宝石のマーケティングと販売に関し、ラリーには「宝石箱」の外にヒントを求める大胆さがあった。

「イノベーション」と「最適化（optimization）」を混同する人は多い。

「最適化」とは、既存のプロセスを最大限に機能させることを意味する。つまり、最小の投資で最大の収益を生み出すこと。投資するものは、時間でもリスクでも資本でも同じ。最適化するには、まず会社の収益システムに関係する活動がどの程度効果を発揮しているかを把握する必要がある。十分発揮していない場合には、それを別のものに置き換えるか改善し、発揮している場合でも、その効果を最大化する。それが最適化だ。

それとは対照的に、「イノベーション」は、予測のつかない代物だ。会社は、ブレイクスルーを生み出し、リスクを管理しながら負い、業界の枠を越えて新しいアイデアを見つけなければならない。

最適化とイノベーションは、どちらもビジネスの成功には不可欠だが、その順番が肝心だ。はじめに最適化、次にイノベーションだ。その方法は次の通り。

第一ステージ（最適化）として、まずあなたの会社が行なっている事業活動のパフォーマンスをとことん向上させる。それは、必ずしもその活動がもっとも有効だからではなく、もっと儲かる商売を見つけようとして今のビジネスを危険に晒すのを避けたいからだ。現在、収入源となっている事業活動をすべて最適化し、それが定着したら、第二ステージのイノベーションに移行する。

第一ステージの最適化によって増えた資金の使い道がこれだ。あまり効果的でなかった活動に取って代えるための、あるいはときにはそれを補うための新たなアプローチを探る。イノベーションとは、基本的にそれまでやってきたことを陳腐化することだ。

この場合、重要なのは、次のことに気づけるかどうかだ。

- **あなたの今のやり方がそれを行なう唯一の方法ではない**
- **新しいことをやり始めたら、その影響力をできるだけ正確に判断するために、それまでやっていたことと比較する必要がある**
- **よりよいアプローチを見つけたら、それがビジネスを拡大するタイミング。見つからなかったら、そろそろ別のことをやり始めるタイミングだ**

私は、事業活動を最大限に活かし、業績を最大化するもっとも効率のいい安全な方法を見つけることに自分の人生を捧げてきた。私はそれを「いいほうのレバレッジ」と呼んでいる。

悪いレバレッジによって、住宅ローン業界が破綻し、土台から崩れようとしている。また、企業が資産（設備や従業員などの間接費）に投資し、コストを上回る利益が出る確証もないまま長期の固定的債務が増えていくというのも悪いレバレッジだ。

私は、危険なレバレッジには手を出さない。私が扱うのは、儲けが劇的に拡大する新しいアプローチだ。実践した瞬間から業績がアップする、そういう改善点を見つけるのが私の仕事だ。

マーケティングと儲けの密接な相関関係

中小企業オーナーの大部分は、マーケティングを一切しない。少数はやっているとはいえ、非常に無駄なマーケティングだ。彼らは、業績をチェックしたり、業績向上をもたらすマーケティング変数（業績に大きな変動を引き起こしうる要因）を改善しようと努力したりもしない。

マーケティングのやり方を変えれば、結果が変わる。どんな小さな変更も無駄にならない。広告で売り文句の表現を変え、買い手の不安を取り除いたら、売上が二一％もアップしたことがある。

たとえば、「うちの製品をお買い求めください」だったのを、私が「うちの製品を買うなら〝今〟です。その理由は……」というメッセージに変えたら、売上が三、四割、それも瞬時に増えたのだ。

これは一例にすぎない。媒体に何らかの手を加えた結果、売上が四倍に増えたこともある。見本市のポスターの文句をちょっと手直ししただけで、来場者が三倍、来場者の質（見込み客の最終的な利益率）が四倍になったこともある。売り込みの電話が失敗した後のフォローアップ一つで、見込み客の三五％を取り戻したこともある。既存顧客にフォローアップの電話をかけて、その売上が五割増になったこともある。要するに、マーケティング方法を変えれば、結果は変わるのだ。

中小企業オーナーの大部分は、利用できるレバレッジポイントがどれほどあるか想像もついていない。どの企業のどの収益獲得活動にもそうしたエリアは数多く存在する。

たとえば、あなたがイエローページに広告を載せたばかりの会社のオーナーだとしよう。一つのレバレッジポイントとしては、本文（見出しではなく）のコピーを変えるといった単純なことが考えられる。また、広告の配置を変える（水平を垂直に、左側を右側に）こともできる。そして最後に、広告自体の中で広告要素の位置を入れ替えることもできる。このように、ここにはレバレッジポイントが三つあった。

広告は、クライアント（顧客）に問い合わせの電話やメールを促すものであり、いざクライアント（顧客）に対応する段階になれば、そこにも複数のレバレッジポイントが存在する。

ここでは、インターネットマーケターのリッチ・シェフレンと共同開発した一五のポイントを挙げておこう。

なお、本書を執筆するにあたり、リッチの文献を多く参照した。彼が独自に行なった調査や、優れた分析、彼の努力の賜である著作物に敬意を表し、ここに感謝の意を表す。

あなた自身を市場で卓越した存在にする一五の作戦

①クライアント（顧客）のためにすることすべてに、頭に「お客様のために」をつける。これであな

たは生涯信頼されるアドバイザーになれる

②他社がいわないことをいうのを恐れない。どんな取引においても、クライアント（顧客）に「誰もあえていわないことですが……」と打ち明ける

③自分の業績や価値を躊躇なく自画自賛する。ただし、それがクライアント（顧客）にとって利益があるように話すこと。練習を重ねる。謙遜と人情を忘れず、尊大でなく品よく心をこめて

④自分の欠点をリストアップする。クライアント（顧客）もあなたも人間。だから欠点を認めること。そうすれば正直な生身の人間として見てもらえる

⑤市場で築く関係はすべて長期投資と見なす習慣を養う。これで人との接し方がガラリと変わる

⑥自分の強みと弱みを知り、強みを発揮する。単純なことだが、やっている人は少ない。たいてい弱みを改善することに夢中になるが、そこにレバレッジはない

⑦リスクを管理する。見落とされがちな市場のリスクや危険を常に指摘し、クライアント（顧客）がそれを軽減するか排除する手助けをする

⑧できるだけ多くの調査データを使って自分の主張を裏づけ、優位性を証明し、有能さを示す。その情報を必ずまとめ、比較、解釈、分析し、顧客が理解し、それに対する行動を起こせるようにする

⑨鋭い斬新な視点、優れた戦略、明快な作戦で現状維持思考を打破し、市場を牽引する

⑩常にそれまで以上の仕事、気遣い、貢献をしてブランド価値を高める

⑪アライアンス（同盟）やアドバイザリーボード（諮問委員会）を設ける（戦略的関係の構築については第10章で述べる）

⑫推薦状や感謝状を上手に頻繁に活用する。購入者やコミュニティーの有力者、新聞や雑誌の記事などから入手する

⑬最高の人材を雇い、お金をたっぷり払う。ただし、報酬は主に成果ベースで支払う

⑭見えない相手を頼りにすることはできない。あなた自身や商品、会社を有名にする。インパクトのある方法を用い、相手を選び、努力に見合った効果を出す

⑮成功イメージを持つ。成功を手にするずっと前から持ち続ける。成功するのはもはや時間の問題

以上の一五のポイントを見れば、変化とは一つひとつ細かく刻んでいくものだということがよくわかるだろう。目指すは、「複数の変化（changes）」を起こすことだ。

複数の変化を起こすもう一つの利点は、早く効果的に会社の儲けを増やせることだ。

クルマの性能を高めるために、ターボチャージャーを追加しタイヤを交換したとしよう。これで出力と速度がそれぞれアップするはずだ。しかし実際の効果は、二つの改良が組み合わさり、かけ算式に向上する。なぜなら速いタイヤで出力が増せばさらにスピードが出るからだ。

成功のカギは「長期的な戦略」に尽きる

ほとんどの経営者は、先のことを考えて自分のやり方を見直すよりも、自信喪失に陥る。彼らは絶えずこう自問している。「私はこの会社をやるにふさわしい人間だろうか」

そしてこの疑問は、次のようなさらに多くの複雑な疑問に発展する。

「私は本当にこの会社をやっていけるのだろうか」

「私はこれだけの大手企業を相手に戦えるのだろうか」

「私は本当に、毎年二週間の休暇をとり、子どもたちを大学まで行かせ、安心して引退できるほど、稼げるのだろうか」

「私は本当にこの会社を存続・成長させられるのだろうか」


疑問に思うなら、「自分はこの会社をやるにふさわしい人間か」ではなく、「この会社は自分にふさわしいか」にしてほしい。

最初の疑問に私が今すぐ答えを出してあげよう。

答えはイエス、だからさっさとそれらしく振る舞え！

時間や労力をかければ、できることはまだまだたくさんある。

第一にすること、それはマーケティングだ。二流企業という現状から抜け出すためのカギ。マーケティングを支出と見なすような罠に陥ってはならない。マーケティングは「投資」だ。

儲けを増やすには、この標語を肝に銘じよ。

「戦略を変えれば、成果も変わる」

経営者には、会社のあらゆる活動を動かす長期戦略がなくてはならない。見込み客の動向をつかみ、購入を決断させ、顧客にとって価値あるものを繰り返し買わせるまでの一連の戦略。そして会社の全活動が、その戦略を採用し、維持し、進めるものになっていなければならない。成功は、長期の戦略を持ち、知り、それに従うことで初めてやってくる。

たとえば歯科医なら、こんな戦略が考えられる。

「歯科業界から見込み客を取り込み、用意したレールにのせ、高い収益レベルでの繰り返し購入（来院）を促す。彼らを計画的な推薦・紹介システムにのせる。常に次にどんなステップや行動をとるべきかを正確に把握し、それを積極的にコントロールする。すべての成果は、そうしたシステムやレールからもたらされる」

実際の例をもう一つ見てみよう。

何年も前のクライアントに、金と銀を売買する仲買業者がいた。オーナーは実に戦術的で、クライアント（顧客）を連れてきて一度買わせると、また新しいクライアント（顧客）を探した。私はその発展性のないやり方をやめさせ、代わりに基本戦略を与えた。

第一段階では、可能な限り一貫したコスト効果の高い方法で、もっとも条件のいい見込み客を探した。一定のプロセスに沿って商品について教育し、その後、最初の投資対象としてもっとも安全でもっとも魅力的な商品を控えめに販売した。それは、クライアント（顧客）に安心して買ってもらうためであり、クライアント（顧客）にも最初にそう伝えていた。そうやって信用を築く。

それから次に、クライアント（顧客）との長期的関係における次のステップとして、質量ともにより大きな第二の取引へと彼らを誘った。この関係のベースとなる戦略に基づき、最初に金、次に銀、稀少コイン、ゴールド株、他の稀少品といった順に、適宜商品をすすめた。一つのシステムに則って動いていたのだ。第一段階の狙いは、将来にわたる連続性のある長期的関係を築くための、倫理に適ったプロセスをつくることだった。

第一段階では他に、ありとあらゆるニュースレターを活用し、投資セミナーも行なった。当時、クルーガーランドの発行元は巨万の富を手にしていた。そこであることを思いつき、それを実行した。つまり、「ウォールストリートジャーナル」紙に掲載した広告の全費用と、何百万通というダイレクトメールにかけたマーケティング費用の全額をクルーガーランドの発行元に払わせたのだ。常に二〇種類以上の販促活動を同時進行させ、そのどれもがもっとも望ましい顧客層に向けた信頼性とインパクトを備えた斬新なものだった。

競争相手が五〇〇〇万ドル稼ぐ間に、クライアントは五億ドル稼いでいた。戦略こそ、レースに一〇倍差で勝つためのカギなのだ。

市場で一番の存在と認識してもらう

アメリカ人は、ドクター・フィル（訳注：フィル・マグロー医学博士。テレビ番組「ドクター・フィル・ショー」の司会者）がアメリカで一番優秀な心理学者だと心から思っているだろうか。一番の心理学者ではないとしても、一番稼ぐ心理学者であることは間違いない。同業者の二〇倍、五〇倍、場合によっては一〇〇倍稼ぐ。しかし、平均的な精神科医との違いは、彼の知識や実績とは無関係だ。違いは、彼のポジショニング、ブランディング、そして自身の身の上話を語るその姿勢にある。要するに、市場における彼の知名度のなせる技なのだ。

かつて無名だったふつうの経営者が、いつしか卓越して本人も想像しなかったほど大成功したケースは何千とある。卓越した経営者は、生まれながらにしてなるのではない、つくられるのだ。

競争に勝つためには、卓越の戦略は重要な要素だ。それは、あなたの会社に対する市場のイメージを高くすることを意味する。

あなたのブランドは、どこも似たり寄ったりの他社とは一線を画す優越性のオーラを放って市場で際立ち、その頂点に立てばいい。その業界で高く評価され、一目置かれるアドバイザーたちを見てほしい。報酬も人気もピカイチだ。それは、人の何倍もの尊敬を受けているからなのだ。

あなたにとっての最初のステップは、自分の会社を市場でもっとも信用され、評価され、大事にされる商品・サービス提供者、アドバイザー、ソースと見なすことだ。

あなた自身の意識とキャラクター次第で、クライアント（顧客）との関係は一変する。今日から先、あなたは自分の会社に対する見方、経営のしかた、クライアント（顧客）との接し方を変え、あなたがクライアント（顧客）にとって業界でもっとも信頼のおける親友、もっとも確かな専門知識の持ち主、市場一番の「達人」なのだと認識しなければいけない。

その根底には、自分のしていることが社会の利益になっているという確信、どこの会社よりもクライアント（顧客）の役に立つという目標に向かって献身的に取り組んでいるという気持ちがなければならない。そのクライアント（顧客）こそがあなたのビジネスの目的だ。あなたのゴールは、クライアント（顧客）の生活や仕事をリスクの少ない、より豊かで充実したものにすること、クライアント（顧客）の取引と人生を実りの多いものにすること、そうでなければ嘘だ。

「先制」で他社を凌駕したある飲料メーカー

私の同僚であり、販売訓練の専門家として国際的に評価されているチェット・ホームズは、企業が卓越性を確立できる非常に効果的で巧妙な方法を思いついた。まず、消費者にその市場で商品やサービスを買うときの購買基準を伝える。その上で、自社の商品やサービスだけが唯一その基準を完全に（またはそれ以上に）満たすことを確実に納得させる。

有名ブランドの多くがこの戦術を採用している。たとえば「ドクターペッパー」の「二三種類のフレーバー」キャンペーン。ドクターペッパーのあの独得の味は二三のフレーバーをブレンドしてつくられているという広告だが、それまで香料が何種類使われているかなんて、気にした人がいただろうか。たぶんないだろう。実際は他の飲料メーカーもだいたい二桁の数のフレーバーをブレンドしているが、ドクターペッパーは、コマーシャルやパッケージで「二三種類のフレーバー」を謳うことで、他社のフレーバー製法が劣っていることをほのめかした。ドクターペッパーの飲料だけが、ドクターペッパーの基準でいう、「創意あふれる製法」という条件を満たしているというわけだ。

あなたの会社が特定の基準を満たす「唯一」の企業になれないなら、競争相手よりも「先に」、その基準と、自社がその基準を満たしていることを市場に伝えよう。あなたの会社が何を、何のために、どのようにやっているか、それが顧客のどんな役に立つか宣伝しよう。先制マーケティングでやるべきことは、ビジネスプロセス——アイデアが浮かんだ瞬間から商品が消費者の玄関先に届くまで——を事細かく説明することだ。

そのプロセスがたとえ競合他社と寸分違わなくても、それが他社と一線を画す手段になる。そのプロセスをどこよりも先に公にし、説き明かし、重視した会社は信用を一身に集める。もう一つ例を挙げてみよう。


何年も前に、高級婦人服店と靴店の代表を務めていたことがあった。一足五〇〇ドルというハイヒールの値段を正当化するため、その靴の何が違うかを逐一説明した。メーカーが一〇〇以上の革の中からマッチする一対を丹念に選んでいること、標準品の五倍もする染料を使用していること、使っている高級絹糸は一般的な靴の一〇倍の値がすること。

だが、高価な靴はすべてそのようにつくられる。違う点は、うちの店だけがそうした製作手順を明かし、重視した（そして説明し、消費者を教育した）唯一の店だったことだ。それによってさらに差別化され、望まれる店になった。クライアント（顧客）の目から見て、まさに卓越した存在になれた。

それから私はさらに一歩進め、店のバイヤーが商品を調達するためにどれほど苦労しているかを説明した。バイヤーたちがヨーロッパ、アジア、北米（特にシカゴとニューヨーク）へ何度も足を運び、毎年五〇万マイルも飛び回っているという話を聞き出した。バイヤーチームは、計一万もの階段を上り下りしながら、最終的に店に並ぶたった一一二点のユニークで際立つ商品を選ぶために、八万もの業者を調べ、訪ね、苦労して評価した。

そうした数字は確かに印象的だが、実際はどこの靴屋もその気になれば同じような数字をはじき出すことができる。しかし、クライアント（顧客）にそうした詳細をわざわざ説明する店が他になかったため、うちだけが卓越し、先を行く結果となった。

卓越性については、第8章でもっと掘り下げることにする。

囲いの外の羊のみが勝利できる

経営者のほとんどは、羊だ。その業界でそれまで見てきたのと同じやり方で会社を経営している。それが最適な方法だからではなく、それしか知らないからだ。一つの例として、次の話について考えてみよう。

数年前、ある競争相手に各分野で売上を奪われていたソフトウェア会社がクライアントにいた。ライバル会社には優秀な営業マンがいたが、商品はバグだらけだった。それでも一人勝ちしていた。そこでクライアントが私のところへ来て、問題を説明した。「うちのソフトのほうが優れているのはわかっています」。彼は続けた。「ですが、われわれが何か間違ったことをしているのは明らかです。何を変えなければいけないのでしょうか」

私はクライアントに協力して長期戦略を組んだ。ライバル会社から不良ソフトを買った人にアプローチし、彼らが支払った金額分のクレジットを保証した。そのソフトを下取りに出してこちらのソフトに買い替えるという条件でそれを保証し、さらに切り替え費用が発生した場合には立て替えまでした。反応は絶大だった。長期的な戦略を持った会社と見なされ、その結果、どの方面の売上も取り戻すことができた。

経営者の多くはキャリアの大部分を同じ業界の中で過ごし、周辺の業界で渦巻いている効果的で儲かるアイデアに気づかない。

羊囲いから自分を連れ出そう。機能していないことを改善し、最適化しよう。新しいことを試そう。長期戦略を立てよう。マーケティングと熱烈な恋に落ちよう。

あなたのビジネスには、その価値があるのだから。

重要ポイント

・マーケティング、イノベーション、戦略化は、成果を生み出す。それ以外はすべてコストである

・第一ステージ、「最適化」。最大最高の効果を追求すること。機能している活動を最大限機能させ、機能していない活動を修正するか入れ替える

・第二ステージ、「イノベーション」。ブレイクスルーを生み出し、リスクを管理しつつ負い、他業界でアイデアのヒントを探る

・「複数の変化」に取り組む。

・問題点を間違えない。「私はこの目的にふさわしいのだろうか」ではなく、「この目的は私にふさわしいのだろうか」

・自分の会社を、市場でもっとも信用され、評価され、大事にされる商品・サービス提供者、アドバイザー、ソースであると見なす。競合するどの会社よりもクライアント（顧客）の役に立つことを目指すという事業目的において、偽りなく献身的な姿勢を持ち、社会的利益のために働く

・戦略を変えれば、成果が変わる

即実行

「あなた自身を市場で卓越した存在にする一五の作戦」を見直し、そのうちの一つを選んで今すぐ実行する

第3章

破砕策2

販売戦略と広告手法を変革して売上をアップさせる

一瞬にしてゲームの流れを変える

『レイダース　失われたアーク（聖櫃）』という映画を覚えているだろうか。

インディ・ジョーンズが、エジプトの市場の中を、ターバンを巻いた強面の悪党どもに追われている。インディは路地に入り込むが、そこは袋小路。突き当たりには、二本の三日月刀をブンブン振り回す二メートル強の巨人が待ち受けている。もはやこれまでか、と一瞬の緊張がよぎると思いきや、インディが拳銃を引いて巨人を撃ってしまう。

「ゲームの流れを変える」とは、まさにこのことをいう。

売上が足りなくて行き詰まっているときには、ゲームの流れを変えるに尽きる。ビジネスには、まさにインディ戦術の考え方が必要だ。つまり、一瞬にしてゲームの流れは変えられる、ということ。

売上不足で行き詰まるのは、たいてい効果的な販売方法を知らないからだ。あなたが売っているもの、売っている相手、売っている方法を振り返り、そのやり方が市場をつかみ、初回購入と、その後のリピート購入を動機づけ、納得させるもっとも効率的で生産的な方法なのかどうか見直す必要がある。もっと売ろうと思ったら、ゲームのカギは「複数の変化（changes）」だ。

まず着手すべきは営業部隊のあり方

売上が足りなくて行き詰まっているなら、営業部隊の営業方法を変える。

まず、彼らにコンサルティング営業の訓練を受けさせることだ。

それによって営業マンは、まずコンサルタントとしてクライアント（顧客）のニーズを見極め、その上で解決策を提供するようになる。クライアント（顧客）から見れば、あなたの会社は、他社と同じただの取引相手から、信頼のおける助言者に昇格するのだ。

しかし、そこで終わりではない。営業以外でもクライアント（顧客）と接する機会のあるスタッフには、コンサルティング営業の訓練をさせる。受付、カスタマーサポート、カスタマーサービス、売掛金回収業務などのスタッフすべてが対象になる。彼らは、市場における会社のポジションや卓越イメージを左右する、会社を代表する「声」にほかならないからだ。

コンサルティング営業は科学であり、誰もが体系的に学び、実践することができる。それに、誰もが持っている人間の基本的な感情である「共感」に基づいている。

私自身はコンサルティング営業の専門家ではない。そこで、アンディ・ミラーのアドバイスを私なりに言い換えてお伝えすることにする。アンディは、二七歳のとき、オランダのソフトウェア会社の権利を買い、その価値を二四〇〇万ドルにまで引き上げた後、売却した。これまで四つの企業グループの諮問委員を務めたおかげで、セールスを教えるアメリカの大学と関わりを持つようになった。ちなみに、セールスが大学で教えられるようになったのは、ほんの一五年前にすぎない。セールスを教えるには、それを研究する必要がある。アンディは、大学とのネットワークを通じて、そうした研究を全面的に活用し、自分の手法を開発するに至った。

注目してほしいのは、マーケティングは「一対多」であるという点。一つの目的と一つのニーズを持った一企業が、市場を構成する数えきれない数の顧客の多様なニーズに働きかけている。

一方、営業活動は「一対一」である。マーケティングの広範なアピールを個々の買い手に向けた特定のメッセージに変換するのが、営業マンの仕事だ。マーケティングを取引に転換するためには、コンサルティング営業が不可欠であり、販売サイクルを短縮し、成約率を高め、値引きをなくし、よりよいキャッシュフローと利益率を導く唯一の方法なのだ。

個人の顧客は、購入までに次の四つのステップを踏む。

①自分のニーズに気づく
②そのニーズに対処するかどうか判断する（最大の敵は、「何もしない」こと）
③選択肢を比較評価する
④購入先を選択する

自分の顧客の購買プロセスを知るのは重要なことだ。顧客が特定のプロセスを経て購入していることがわかったら、今度は販売サイクルを顧客の購買サイクルに合わせなければならない。顧客がプロセスのどの段階にいるかがわからなければ、次に打つ手が的外れなものになる。どういうことか説明しよう。

クライアント（顧客）が本当に欲しいものは何か

以前、私のクライアントに、大手通信教育会社がいた。同社は毎月、大量の通信講座カタログを発送した。カタログをじっくり見終わり、電話をかけてきた顧客に、営業担当者は本来なら好ましいコンサルティングを行なった。しかし、すでに申し込むつもりの顧客にコンサルティングは不要だった。質問と申し込みを受け付けさえすれば、それで十分だったのだ。

そこで営業担当者を電話の応対から外し、管理課で契約を処理するようにすると、売上は三倍に増えた。営業担当者は、営業の邪魔になっていたのである。

要するに、顧客の購買プロセスを知るには、人が何をきっかけにして行動を起こすかという人間心理を理解する必要がある。人がどうしても何かを変えたいと思う理由は何だろうか。そのもとになっているのは、苦痛、不安、それとも喜びだろうか。人の脳は、喜びを求める一〇〇倍も苦痛を避ける傾向がある。ということは、「苦痛」のほうが簡単にウリになるといえる。同じように、セキュリティや法律業務、保険などの提供者は、「不安」が顧客の動機づけになっていることに気づくべきだ。

一方、「喜び」は顧客の持つビジョンだと思えばいい。時代を先取り、最先端であり続けたいと望む人はけっこう多い。そういう人には購買意欲もある。

骨折であれ企業買収の失敗であれ、人が苦痛、不安、喜び（の順）をきっかけに行動を起こすということを覚えておこう。どの程度の行動を起こすかは、その苦痛、不安、喜びの大きさに比例する。

営業とは、つまり人間関係だ。一番強固な関係を築けた人がその信頼関係によって相手に買わせることができる。人は、信用のできる、自分に一番似た人から買う。このダイナミクスは、意外に好都合だ。なぜなら、誰が本当に買う気があり、誰が商品や市場についてただで勉強させてもらおうとお店を回っているか簡単に見分けられるからだ。

実際に売れそうな相手は、あなたを信用して何かを打ち明けようとする。ところが、単に情報が欲しいだけの顧客は、自分のことや自分が求めているものを伝えようとしない。むしろあなたと距離を置こうとする。

具合が悪くて医者にかかるとき、ポーカーフェイスを決め込んで、医者にどこが悪いか当てさせる人などいるだろうか。誰だって医者が親身にいろいろと聞いてくれて問題を見つけてくれることを期待する。その後にどんな治療法がいいかを決めるはずだ。

コンサルティング営業とは、まさしくそれなのだ。顧客に欲しいものに気づかせ、「治療」を容易にする。

あなたは患者＝クライアント（顧客）のニーズを満たす医者だ。クライアント（顧客）は、あなたからサービスや商品を買うことが正しいことであり、あなたの的確な手当てが安心、快適、保護を与えてくれることを確信している。しかし、情報がなくては医者が正確な診断ができないのと同じように、私たちビジネスマンも、聞きにくい鋭い質問をクライアント（顧客）に投げかける勇気が必要だ。本当は何が起こっているのか、どこが痛むのか、何をしてほしいのか。

「絞り込み→クロージング→提示」という逆発想

あなたは営業マンとして、本当のことを知る必要がある。さもなければ誤解が生じ、それによって間違った診断を下し、早とちりの処方を書き、医療ミスを犯してしまう。必要なことをいわずにおすすめを聞き出そうとするクライアント（顧客）は、結局、その取引で獲得し得る最大の成果を自分から放棄しているだけだ。自分が抱える特定の問題に対し、的確な解決策を与えられず、不満だけが残ってしまう。

コンサルティング営業には、三つの構成要素がある。提示、絞り込み、クロージング（契約）である（必ずしもその順番とは限らない）。これらの要素が組み合わさると、他のセールスアプローチとは比べ物にならないほど絶大な力を発揮することをお見せしよう。


次のような三つの会社があるとしよう。

A社の販売サイクルは四カ月で、成約率は九〇%である。

B社の販売サイクルは八カ月で、成約率は六〇%である。

C社の販売サイクルは一四カ月で、成約率は二%である。


さて、A社が気づき、他の二社が見落としていることは何だろうか。

A社は、「ギブアンドテイク」の営業をしている。コンサルティング営業のプロセスとして、まず取引の成立要件を「絞り込む」。つまり、この商品やサービスを買うことで解決される問題は何か。クライアント（顧客）は、この購入によって何を達成したいと思っているかといったことだ。次に、絞り込みの段階で出たすべての要件を満たすことができたら、商品またはサービスを購入するという確約をクライアント（顧客）からもらい、「仮クロージング」する。そして最後に、解決策となる商品またはサービスを「提示」する。

一方、B社は、従来通りのやり方から抜け出せず、絞り込み、提示、クロージングの順に営業を進めている。効果は単純に劣る。

C社は、提示、絞り込み、クロージングの順。非常に心もとない戦術である。

三つの架空会社の例からもわかるように、「ギブアンドテイク」モデルは、あなたにもあなたのほとんどのクライアント（顧客）にも明確な利点がある。プロのバイヤーは、交渉や値引きといった時間の無駄を省けるこの方法を好んで使っている。

まず、基本として効果的な販売プロセスの一つだということを忘れないでほしい。そのまま何にでも当てはめればいいというものではない。あらかじめステップを決めることが重要なのではなく、売れることが一番肝心だ。必要なときには、手を引くことも必要だ。そして、聞きにくい質問も恐れずに聞いてほしい。考えさせられるような質問をされたクライアント（顧客）は、答える前に考える時間が必要になる。沈黙を不安に感じる人も多いが、実は非常に意味のある過程なのだ。

「ギブアンドテイク」をうまく実践するためには、いくつか条件がある。

「ギブアンドテイク」モデルが確立されているか

「ギブアンドテイク」は、人の性格を読み取る訓練にもなる。クライアント（顧客）の性格によってプロセスにかかる時間が異なり、それに合わせることが必要になる。あなたがする質問も、売りたい相手のタイプによって変わってくる。どんなときも次のプラチナルールに従おう。

「相手が望むように対応する」

あなたにとっては耳の痛い話でも、クライアント（顧客）の本音のニーズを聞き出すこと。そして、応えられないニーズがあるときには、勇気を持って素直にそう伝えること。

以下に、コンサルティング営業の前提となる簡単で効果的なポイントを挙げておこう。

- あなたは、営業マンではなく、プロのファシリテーターである
- 医者のように働く。つまり、自分の腕に自信があることを見せて信用を得、問題を総合的に診断し、拒絶される不安や躊躇なしに処方を行なう
- 照準は、注文にではなく、クライアント（顧客）に合わせる
- 成約できなくてもＯＫ
- 率直で正直な会話を求める。あなたも顧客も自分の立場をよくわきまえることが必要
- あなたと顧客が対等な立場に立っていること
- フェアプレーに徹する
- 損な取引をしない
- 売るのは顧客。あなたではない
- お互いの関心度合いが同じことを確認する（水辺に連れて行けば水を飲むとわかっているときだけそうすること）

こうした簡単な原則を覚えると、あなたのセールス哲学は一変する可能性がある。

次に重要な要素は広告戦略

仮に訓練のおかげで営業部隊がコンサルティング営業をするようになったとしよう。大多数の企業にとって、営業の次に重要な要素は広告だ。広告もまさに見込み客や売上を生み出すための手段だ。それなのに、企業が依存する広告手法のほとんどは、まったく効果がない。しかも、広告の効果を測定する手段を持っていないため、そのことに気づくこともない。

広告は、見る人を意識し、コンタクトしてくれた人には、望み通りのお返しをすることが必要だ。広告の基本的要素を修正し、見る人がすぐに望ましい直接行動を起こすように導けば、きわめて短期間で、広告支出をまったく上乗せすることなく、売上を伸ばすことが可能だ。効果的な広告は有効なマーケティング変数でありながら、フルに活かせている企業がきわめて少ない。

すでに広告が売上を牽引している企業は、これまでの広告に驚くほど簡単で些細な手直しをするだけで大きな成果が出せる。しかも、一銭もかからない。すぐに使えるレバレッジの要素は七つある。

広告にレバレッジをかける七つの手法

【要素1】見出しで瞬時に伝える

見出しが駄目だと、残りの広告がどんなによくても先を読んでもらえない。見出しは、広告へのレスポンスや広告商品の利用によって得られるもっとも大きくて魅力的な利益や見返りを、見る人に具体的かつ瞬時に伝えるものでなくてはならない。目に飛び込んでくるような、人を引きつけるキーワードやフレーズが必要だ。見出しの重要性を知ってもらうために、このあと一〇の例を紹介するが、その前に、今すぐ使える残り六つのレバレッジ要素を見ておこう。

【要素2】独自化する

あなたの会社にしか満たすことのできない、明確な市場の隙間（ニッチ）を狙い、他社との違いを打ち出す。あなたの会社や商品、またはあなただけがクリアできるような購買基準を顧客に代わって特定する。市場でもっとも切実な不足に陥っている具体的なニッチに照準を合わせ、ものにする。

【要素3】信用の裏づけを提供する

宣伝内容を実証するクライアント（顧客）や専門家の推薦コメント、あなたの商品に関するマスコミ記事の抜粋などを載せる。性能、つくり、サポート体制などを他社と比較する。

【要素4】顧客のリスクを軽くする

商品やサービスに満足しなかった場合は全額払い戻しをすることを伝える。それが現実的に難しい場合は、何らかの部分的な保証を約束する。リスクや不安といったクライアント（顧客）の負担を取り除けば、払い戻しやお試し期間を悪用する数パーセントのクライアント（顧客）を考慮に入れても、売上増を期待できる。

【要素5】行動を呼びかける

広告を見てほしい相手が広告を読んだり、ホームページを訪問してくれたりしている。その次は？次のステップを迷わせないことだ。具体的に何を何のためにすべきか、行動を起こせばどんな利益が期待できるか、反対に、行動が遅れるとどんなリスクや不利益が生じるかを伝える。「今すぐお電話を！」「ご来店ください！」「ご注文はお早めに！」「ご相談のご予約受付中！」、使い古された文句に聞こえるかもしれないが、使い続けられるには理由があるのだ。

【要素6】特典をつける

クーポン、割引、追加保証、おまけの商品やサービス、早くレスポンスした人に対する優遇（「先着五名様にガイドブックを進呈！」「生涯優先的にサービスを受けられるＶＩＰプラチナ終身会員になれる！」）を約束するなど、ただでさえすばらしい商品やサービスにボーナスをつければ、さらに多くの顧客を引きつけ、売上を大きく伸ばすことにつながる。

【要素7】オファー内容をおさらいする

広告の最後にオファーを簡単にまとめ、「念押し」する。どんな問題を解決し、どんな利益があるのか。それから、今すぐとるべき行動をもう一度伝える。

読者の心を一撃した一〇の広告見出し

前述したように、広告の見出しは重要な意味を持つ。
見出しを考えるとき、他社で大成功した例をいくつか知っておくと役立つ。以下、ビクター・O・シュワブによる必読書『How to Write a Good Advertisement』から引用する。

①「人に好かれ、人を動かすには」

この見出しで、いまや誰もが知る同名の書籍（訳注：邦題『人を動かす』）をベストセラーにした。

明白で強力なアピールがある。だがもし「には」という言葉がなかったら、見出しというより単なる陳腐なスローガンになっていた。

②「一つの小さなミスが農家に招いた年三〇〇〇ドルの損失」

ときには、「損失リスク」の相殺、低減、排除という後ろ向きの発想が「利得への期待」よりも読み手をはるかに引きつけることがある。

そして、ウォルター・ノーバスが著書『Six Successful Selling Techniques』で指摘しているように、「人は、自分が所有していないものを得るためよりも、価値は劣ってもすでに所有しているものを失わないために懸命に戦う」。

③「パーティで会話に苦労した経験、ありませんか？」

この見出しは、よくいる自意識過剰な「壁の花」たちにピンポイントで向けられている。そして疑問文の形をとっている。聞かれると答えを読みたくなるものだ。冗長さや遠回しな表現を省き、直球で打ち込んでくる。

疑問形を使ったよい見出しとは、無視するのが難しく、イエスかノーで簡単に片付けられず、自分に関係あると瞬間的に思わせる挑発的な見出しである。

④「英語でこんな間違いしてない？」

ここで大事な「こんな」という言葉を省いてもう一度読んでみよう。そこが人を引きずり込む「つかみ」だ。「こんな、とは、どんな?」「自分はしているだろうか?」と考えさせられる。さらに、この見出しは、読み手個人に役立つ情報の提供を約束している。私はこれを「具体性の魔力」と呼んでいる。それがどれほど読者を広告の本体に引き入れる効果があるかわかるだろう。

一流の見出しの多くが次の語句を含み、それに対する説明がなされるのを読み手に期待させている。「how(いかに)」「here's(これが)」「these(こんな)」「which(どれ)」「which of these(このうちのどれ)」「who(誰)」「who else(他の誰)」「where(どこ)」「when(いつ)」「what(何)」「why(なぜ)」

これら以外で非常にキャッチーなのが、具体的数字である。何日、何晩、何時間、何分、何ドル、何通り、何タイプなど。

この「具体性の魔力」は、頭に留めておきたい。たとえば、次のどちらがインパクトが強いか比較してみよう。

「収入を増やすお手伝いをします」
「家賃を払うお手伝いをします」

⑤「〝気分が最悪〟のとき、医者はこうします」

有名な広告だが、成功の秘訣は何だろうか。

第一に、パラドックスが感じられる。医者自身の体調が優れないことなどあまり想像したことがない。それでいて本当にそうなったときの対処法というのは、確かな筋からの情報だ。それは説得力があり、この広告を読むことへの見返りをより強く確信させるものだ。「こうします」がそれを明白に約束している。

第二に、「気分が最悪」という口語調を臆面もなく使っている。てらいなく、人間味を感じさせる。それに意外性がある。というのは、広告にはふつう一定の堅苦しさがあるからだ。世の多くの見出しが目に留まらないのは、語彙があまりにありきたりすぎるという理由による。

実際、この広告の「〝気分が最悪〟のとき」を「〝気分が優れない〟とき」に変えて調査をすると、レスポンスは半分に減った。

見出しに「意外な」語句を使うというポイントは、まじめに検討する価値があるので、他の例ももう少し見てみよう。

- 科学的ウエイトコントロールの本の広告に、「太鼓腹」という表現。あまり上品ではないが、注意を引くのに効果的だった
- 辞書の広告。単語（「タマネギ」「豚」「ニシン」「ペリカン」「スカンク」「カンガルー」など）を一語ずつ太字見出しにした三文広告シリーズ。そのページを開いた人は必ず気づき、何のことか知りたくなる。コピーで、この辞書が言葉の意味をわかりやすく簡潔に解説している点を訴えている
- ゴルフ教本の広告。「今年こそゴルフで愚痴をこぼさない！」

⑥「氷、ぬかるみ、雪すべて保証。駄目なら牽引代金を補償！」

商品に特別な保証をつけた場合には、見出しでいち早くそのことを打ち出す。隅に控えめにでは効果がない。実際、画期的な保証のついた商品は多いが、それを十分に活かしている広告は少ない。

⑦「あなたにとって、子どもの命は一ドルの価値がありますか」

自動車ブレーキ修理サービス業者による鋭い見出し。感情に強く訴える。幼い子どもの命が自分の自動車のブレーキ故障が原因の事故で失われるかもしれないと考えさせる。

⑧「投資家には六タイプある。あなたはどのタイプ？」

この広告に問い合わせが殺到した。読み手は、広告に書かれた六つのタイプそれぞれの特徴を読み比べてから、自分のタイプの投資目的にぴったりのプログラムについて問い合わせた。

この見出しにも、「（人の）基本的視点」つまり「自分目線」が描かれている。人の興味をそそる広告の多くが、「あなた（you）」「あなたの（your）」「あなた自身（yourself）」のどれかを使っている。たとえ使われている代名詞が第一人称単数形（たとえば「私はこうして一晩で記憶力を高めた」）であっても、約束される見返りがあまりに普遍的な欲求だから、結果的に「あなたにもできる！」といっているのと同じなのだ。

「自分目線」の力を証明するデータがある。女性五〇〇人に万年筆を持たせると、九六％は自分の名前を書いた。アメリカ地図を見せられた男性五〇〇人中、四四七人が自分の住んでいる場所を最初に探した。米国新聞発行者協会のハワード・バーンズが述べたことは、本当に的を射ている。「読者のイメージを呼び起こすには、標的を掲げるだけでいい。そしてその人の興味の対象を外側から順に次のようにつけていく。すなわち、世界、アメリカ、自分が住む州、自分が住む町、そして真ん中の黒い部分には、家族と自分自身……最初に来るのは自分、自分自身、私。私がすべての中心にある」

⑨「見た目より年齢のいった女性に」

この見出しは大勢の女性の目に留まり、微妙に異なる「実年齢よりも若く見える女性に」よりも効果的だった。

⑩「お知らせ　学ぶことが楽しくなる新版百科事典」

人は新しいものに興味を持つため、告知形式の見出し（新商品発売時）は注目を浴びる。「ニュータイプ」「新発見」「新方式」などの表現を探そう。新しもの好きのアメリカ人にとっては、新しいというだけで一応は「いいもの」とされるようだ。

発明者や進取的なメーカーの偉業のおかげで、私たちは「新しいほどよい」と思うようになった。しかし、見出しで「新しい」という言葉を使うときは、単に今までと違うというだけでなく、本当に新しくて優れたその商品にどんなメリットがあるのか、コピーで裏づけることが重要だ。

見出しの一撃には、たくさんのパワーが詰まっている。たった二、三の厳選された言葉で、あなたの会社を売上不足という不振状態から、顧客の問い合わせが止まらない別世界へと飛び立たせてくれる。いい見出しは、あなたのビジネスの成功をいっそう強固にする。

他人の経営資源を活用してレバレッジをかける

他の企業や経営者は、必ずしも敵ではない。売上を伸ばすために人の力を借りることは理にかなっている。ここでは、人の経営資源を活用することの意味と、それがどうやってあなたの売上を増やすことにつながるかを簡単に考えてみよう。

人の力を使って自分をうまくレバレッジできる方法を知っている人は少ない。一企業が何でも社内で行なうことが無理なことは承知だろう。会社の力を最大限発揮させるために必要なスキルをすべて社内に備えている企業を、見たことがない。あり得ないことなのだ。

エグゼクティブ向けのコーチングを専門とするロバート・ハーグローブは、二一世紀の優秀な起業家と呼ばれるための条件として、人と創造的にコラボレーションする能力を挙げている。必要なスキルをすべて一人で修得することはできない。一日が二四時間しかない限り、新しい知識がどんどん生まれる目まぐるしい世界に生きるわれわれとしては（知識の量は、半年ごとに倍になるらしい）、とうてい不可能なことだ。

以下に、人に提供してもらえる無数の資源の一覧をアルファベット順に挙げてみた。

広告、助言、代理代行、資産、提携者、会や団体、バックエンド商品（訳注：商品を購入した顧客に対して提供する関連商品など）、信条、特典、購買力、現金、担保、人脈、信頼性、データベース、熱意、資本、営業権（のれん）、有形資産、人的資源、アイデア、想像力、影響力、無形資産、出資、知識、前例、リスト、マネジメント、マーケット、マスターマインドグループ（訳注：共通の目標を達成するために知恵や知識を持ち寄り、協力・結束する人々）、お金、機会、特許、人、商品、プロモーション、研究開発、人間関係、相対的強み、営業戦力、スキル、システム、推薦・感謝状、価値、卸売業者……。

自分で制限さえしなければいくつでもある。知識やスキル、影響力、アクセス、外部との関係といったあなたに足りないパズルのピースを提供してくれる誰かを見つけ、創造的なコラボレーションから得られるレバレッジを活かそう。

相手の欲しいものを与えることができたら、相手は代わりにあなたの欲しいものをたっぷり返してくれる。

ジョイントベンチャーを巧みに仕掛けた例

レバレッジを実行するには、相手が本当に欲しいと思っているのに持っていないもの、欲しい理由、手に入れる方法（つまりあなたを通じて）をあなたが初めて、そして理想的にはあなただけが相手に気づかせることが重要だ。一人であることが理想だ。

人の力を借りて自分にレバレッジをかければ、帝国を築くことも夢ではない。次に、そのほんの一例を紹介しよう。

前に友人のマーク・ゴールドマンが話してくれた、すばらしく独創的なジョイントベンチャーの話。彼が通っていた足の専門医は、診療所用のスペースを賃借していたが、その契約が切れたときに、他の支払いがあったため、もっといい場所へ引っ越したかったがそれができなかった。

しかし彼は、最高の立地条件で、夕方六時から朝の六時までしか営業していないスリープクリニックを見つけ、クリニックが閉まっている間、その場所を使わせてほしいと交渉した。そのスペースは朝の七時から夕方五時頃まで彼のものになった。家賃と光熱費を折半することで、前のスペースの契約更新に必要だった半分以下の額で今の場所を手に入れることができた。

営業部隊は必要だろうか。直接の競合関係になく、営業戦力に余力のある人や会社を見つけ、ジョイントベンチャーを起こして儲けを分配しよう。倉庫が必要？　収納スペースや配送能力の余っている人や会社を見つけ、互いに成長を分かち合おう。

提携や協力関係を築く気さえあれば、あなたが必要としている資源に直接アクセスできる信頼できる企業や個人を見つけることによって、莫大な潜在市場にアクセスできるようになる。どんな場合でも、あなたの問題の解決策を持った誰かは必ず存在する。

あなたがすべきことは、他の人の努力や資産を利用し、それにアクセスする方法を学ぶことだ。一例を挙げよう。

昔、私が収集品ビジネスを始めたときの話だ。私たちはまず、コインを集めている人を探し出し、他にどんなものを収集しているか調べた。すると、そのうちのおよそ七割が、銃や野生動物を扱った芸術品を収集していることがわかった。そこで、そういった業界の会社にジョイントベンチャーをもちかけた。その一つの事実の発見だけで、二五万人もの新しい顧客にアクセスすることができた。そして一番は、そうした業者に対し、成功報酬しか払わずに済んだことだ。見込み客獲得のための広告には一切お金をかけなかった。

私たちのセミナーに参加したある中国のクライアントは、世界進出を目指していたが、そのためのスキルと管理能力と資金が不足していた。オートバイ製造でそこそこの成功をおさめていた彼は、インドネシアとマレーシアに渡り、似たような製造業界で流通網と製造能力を持つ人々を見つけた。そして彼らとジョイントベンチャーを起こし、一年で年商一〇〇〇万ドルのオートバイビジネスを築いた。彼は、工場も従業員も持たず、使ったのは手持ちの資産だけだった。

断れないオファーをする

すでに営業方法をコンサルティング営業に変え、広告に新しい命を吹き込み、新しいキラー見出しを載せ、ホームページは一日に数百ヒットを数えるようになった。それなのに、前四半期の数字をチェックすると、まだ売上不足で行き詰まっているのを知ってびっくり。一体どういうことだろうか。

結果に結びつかないのは、ほとんどの場合、メッセージに魅力がないことが原因だ。ユニークでも特徴的でもない価値を提供しているため、「断れるオファー」になっている。オファーは、断れないものにしたい。

企業メッセージは、広告や販売アプローチ、見出しその他すべての要素をくくるものだ。見込み客があなたと会った後、見本市であなたのブースを訪問した後、地方紙に載せた効果的な広告に目を奪われた後に、記憶に長く留まる無形の価値だ。また、メッセージは、レバレッジングを可能にするものでもある。つまり、メッセージがあってこそ潜在的パートナーや協力者はあなたの動機に引きつけられるのだ。

あなたのオファーは、断れないものでなければならない。あなたの発信するメッセージは、あなたが達成したいことから直接生まれたものでなければならない。市場に何を届けたいと思っているのか。そして実際に届けられるものは何か。この質問に対する答えを明確にした上であなたのオファーを心に響く、魅力的で論理的なものにする。

論理的な人は、あなたの販売提案を聞き、見、読んでから経験する。簡潔にわかりやすく、ストレートに説明しなければ、そうした人たちは「それで?」といって去ってしまう。

あなたのメッセージの中に、「それで?」という言葉がほんのわずかでもクライアント（顧客）の頭をよぎる余地を残さないことが重要だ。あなたが顧客の状況、問題、欲求を認識、理解、尊重、共感していることをアピールする。そのようにして息の長い強固な関係を確立する。メッセージのあらゆる要素を顧客の思考に共鳴させ、あなたがどの会社よりも自分を理解してくれていると顧客に感じさせることだ。

なぜ人はあなたを選ぶのか

見本市でブースを出す予定があるなら、来てもらいたい人々を特定し、プレ招待状を送る。ここでも、来場の見返りは何なのかを強調する。相手があなたのブースを訪問するのを忘れないように、心に残る本当に価値のあるもの（ベネフィットでも、独占的な情報、優れた商品でも）を約束することが重要だ。

見本市では、効果の薄いサイン（看板やポスター）のせいでせっかくの機会を活かせない会社が多い。看板やポスターを修正すれば、動員は質量ともに大幅に増える。

重要なのは、あなたが何者であり、どんなサービスや商品を提供し、どんなベネフィットを提供できるか、そして、なぜ他社ではなくあなたを選ぶべきなのかを、顧客に早くわかりやすく理解させることだ。

たとえばたれ幕で「三割以上の増益を保証する生産管理ツール」と謳えば、確実に望むような注意を引きつけられる。それを見て「それで？」とはいわない。

どんな状況やプロセスでも、気づいたら利用することが大事だが、適切な約束をまさに適切な顧客に伝えることが、顧客に論理的思考を促すことにつながる。まさに購買者心理そのものだ。顧客の立場に立って考えてみよう。

サインは、提供するベネフィットを伝える見出しのようなものであり、人があなたのブースを訪問する最終的な理由でもある。

さて、見込み客が実際に来訪したら、最後の駄目押しをするチャンスは三〇秒。好感触を得、今がチャンスだと思ったら、もう五分か一〇分時間をくれるように説得する。他の二〇〇〇ものブースがその人の時間と注意を拝借しようと狙っているのだからなおさらだ。このアドバイスを肝に銘じれば、見本市という活用方法を理解している人の少ない戦場で常に勝ち、支配することさえできるだろう。

本当の付加価値を増やし、買い手が何を重視しているかはっきりとわかっていることをアピールするのがポイントになる。顧客心理や市場ニーズを尊重し、共感を持って理解すること、唯一の有望な商品・サービス提供者として認められることが重要だ。人々が抱える問題を理解し、賢い解決法を生み、その両方を相手に合った方法で明確に示す。それが、あなたが送らなければならないメッセージだ。

唯一の存在であると同時に信用される存在であること

突き詰めれば、すべて第2章で紹介した「卓越の戦略」に行き着く。この戦略については、第8章でさらに深く掘り下げる。USP＝unique selling proposition（直接・間接を含めたすべての競争相手からあなたを差別化する顧客提案、独自のウリ）という考え方は、さらに上の「先制の発想」につながる。つまり特定の市場または市場セグメントにとって唯一の有望な解決策であると同時に、もっとも信用されるアドバイザーになることだ。今日、ユニークなニッチを見つけるには、唯一の有望な解決策だと見なされるだけでは足りない。信用されるということも必要なのだ。

これを達成するには、はじめに市場の購買基準を設定し、次にあなたの商品やサービスまたはビジネスが他の誰よりも市場の目的や欲求を満たせることを実証する。市場が本当に何を欲し、必要としているかを突き止め、その上で、あなたがそれを満たす唯一の論理的で有望な選択肢である根拠を示そう。

自分自身のニーズやウォンツを考えよう。人に差をつけたいのはもちろんだが、それ以上に、人として、そしてビジネスとして必要とされたい。それを実現するには、あなたがその市場に唯一満足をもたらす存在であることを明瞭に打ち出すことが必要だ。それをあなたのメッセージにすれば、売上はどんどん伸び始めるはずだ。

売上不足で行き詰まっている？　今こそ、ピストルを引っぱり出して、ゲームを変えるときなのだ。

重要ポイント

- 営業部隊にコンサルティング営業を修得させ、営業方法を変える
- 顧客は、あなたとの関係を信頼して商品やサービスを買う。その信用をコンサルティング営業で構築する
- コンサルティング営業の基本は、「ギブアンドテイク」である。最初に、取引の成立条件を「絞り込み」、次に、あなたがその条件を満たすことができたら買うという確約を顧客にさせて「仮クロージング」し、最後に商品やサービスを「提示」する
- 読み手にフォーカスした広告にする
- 広告ですべきこと。いい見出しをつけ、独自化し、信頼性を裏づけ、顧客のリスクを低減し、行

動を促し、特典を与え、オファー内容を簡単におさらいする

- 人が想像もつかないような協力関係や提携を利用して売上拡大を図る。足りない資源があれば、足りている誰かと手を組む
- 顧客に「それで？」といわれる余地のない、断られないオファーをする
- とにかくやり方を変える。それが結果を変える唯一の方法

即実行

既存顧客や見込み客を恐れるのをやめる。質問することから生まれる力を知る。医者があなたの体調について質問するのを恐れるだろうか。全容をわかっていなければきちんとした診断を下すことができない。だから、「懇願者」から「医者」へ発想を転換し、顧客の置かれた状況を理解するために必要な質問をすべてする。顧客はそうするあなたに敬意を表すはずだ。

第4章

破砕策3

「戦略化、分析、システム化」で安定した業績を得る

とんでもないアイデアで数十億ドル企業となったある保険会社

コロニアル・ペン生命は、アフィニティーグループ（訳注：各種法人や協会、クラブなどの類縁団体）市場を通じて団体向け商品を販売する保険会社として始まった。一九五〇年代、コロニアル・ペンの経営陣は、新規のアフィニティーグループの獲得に頭を悩ませていた。競争が激しく、団体を説得して保険を売り込むのは非常に困難だった。

それで、コロニアル・ペンの経営陣はどうしたか。彼らは、すばらしいアイデアを思いついた。「よし、われわれ自身で団体をつくろう。自分で自分の専属クライアント（顧客）になればいい」。時間やコストもさほどかからない上、この団体ができれば高齢者をターゲットにしやすくなるはずだ。

端から見れば、それはとんでもないアイデアだった。しかしこのとんでもないアイデアがコロニアル・ペンを「フォーブス」誌による「アメリカでもっとも収益率の高い企業」の一つにする。それから早送りすること数十年。今日、同社は数十億ドル企業に成長し、いまや他の団体からプラン設計を求められる立場になっている。

コロニアル・ペンの経営陣が行なったのは、要するに、同社が経験していた業績のばらつきを解消する方法を打ち立てたことだった。すでに保険契約を結んでいた他社から顧客を奪おうとする古いやり方から脱却したのだ。それまでは流動的な市場から身を守ることに必死になり、行き詰まっていた。今は攻めに転じ、長期の忠実な専属メガクライアントを自ら設けたおかげで、何十億ドルもの収入を創出できるようになった。競争もない。

この章では、業績不安定のどつぼから抜け出す方法を伝授する。顧客や紹介者、推奨者との関係を前進させ、強化する効果的な顧客移行戦略を開発するのがミソだ。自ら団体をつくったコロニアル・ペンの経営陣がしたのもまさにこれだ。

ちなみにその団体は、米国退職者協会（AARP。訳注：アメリカの五〇歳以上のおよそ四〇〇〇万人が加入する巨大組織）である。

戦略化とは？　分析とは？　システム化とは？

前章では、十分な売上が得られないときの戦術の変え方を説明した。しかし十分に売れているときと、そうでないときがある場合はどうするのか。定期的な業績予測が立てられそうもない場合、どうすればいいのだろうか。

数多くの会社が予測できない取引量に振り回されている。

中小企業のもっとも大きな問題は、次の三つの文章に要約することができる。

①戦略的でない
②分析的でない
③システマチックでない

事業者は、見込み客を引きつけ、クライアント（顧客）に変え、常連の関係を確立するという目的を持った長期戦略の展開と強化につながる行動だけを常にとらねばならない。この論理的進行を妨げるものはすべて、あなたのビジネスの致命的な弱点だ。

一度買ってくれたから、あとは放っておいても大丈夫、ということにはならない。顧客があなたや営業部隊から何の手助け、案内、誘導、指導を受けなくても、一人で二度目の購入もその後のリピート購入もしてくれると思っていないだろうか。このクライアント（顧客）が価値ある資産となった今、あなたはこの関係を戦略的かつシステマチックに育てていく必要がある。その関係が会社の存続と発展の助けになるように、あなたの指揮で育てよう。

戦略化、分析、システム化。業績不安定の憂鬱を吹き飛ばす三つのカギだ。

それでは細かく見ていこう。

自分自身の肖像を描くことが戦略化の第一歩

戦略的にならなければ、毎月同じ問題に対処させられる。つまり、どうやってその月を乗り切り、地代家賃を払うかという問題。三〇日ごとに同じことを繰り返す。

反対に、あなたが戦略的な事業者なら、もっとも有望だと判断したもっとも実績のあるソースから、毎月予測できる割合でクライアント（顧客）や見込み客を呼び込めている。そこには、見込み客に「進化の道」を順に辿らせる揺るぎないシステムがある。つまり、見込み客は初回購入者になり、次にリピート客になり、さらにより進んだお客に進化する、といったように。そしてその過程でその人から刺激を受けた紹介客や推奨客がその後、同じ進化の道を辿る。新規の紹介客はそれぞれが購買能力を高めるとともに、あなたが新規クライアント（顧客）を引きつけるのを手伝ってくれる。

戦略化については第5章で詳しく取り上げるが、ここでは、いくつかのキーポイントをチェックしておこう。戦略のつくり方だが、最初に考えなければいけないことはこれだ。

「そのビジネスでどんな人や企業を引きつけたいのか」

誰をターゲットにするかによって戦略は変わる。違うタイプのクライアント（顧客）には、当然違う戦略を立てる必要がある。

たとえば、ネットを利用した戦略は、新規の見込み客を大量に引きつける傾向があるが、そうした見込み客は、定義しにくい一般大衆である場合が多い。未知の大群を引き寄せるのがいいのか。たとえ少数でも特徴を捉えやすく買う気もある見込み客、つまりあなたが戦略的に設定した明確な購買基準に基づいて関係を結ぶことに前向きな人々を取り込むべきなのか。

自分が誰をどんな理由で引きつけようとしているのか、自分自身の鮮明な肖像を描くことができなければ、そうした人々を購買客として獲得することはできない。

では、どのように自分の市場を定義し理解すればいいのだろうか。ひと言でいうなら、必要なのは、若干の基礎的な市場調査。効果的なビジネス戦略への跳躍台だ。消費者を代表する人々に商品やサービスに対する意見を聞く聞き取り調査（フォーカスグループ）や、電話調査、メール調査を行なうといった簡単なことでいい。

戦略を構築するのに不可欠な情報群

戦略の土台づくりには、以下について十分な情報を集めることが何より重要だ。

・一番の潜在クライアント（顧客）は誰か
・彼らのニーズ、欲求、期待は何か
・あなたの商品やサービスに対する需要はあるか
・競争相手は誰か。彼らの業績はどれくらいか

これらの基本的な質問に、具体的に、詳細に答えられるようにしてほしい。

たとえば、不動産業を営む人は、市場で毎年どのくらい家が買われ、自分のエリアではどれくらいお金が使われているかをわかっていたい。高級腕時計を扱っているなら、市場で売られている同等品を調査し、それぞれの売れ行きを把握しておきたい。ターゲット層の統計を調べ、そのニーズを知る。それから、そのニーズを満たせる一番の人間になる。

どの業界であっても、販売量または販売額は調べておきたい。そうすればあなたの業績レベルを他社との比較によって把握し、具体的な目標が設定できるようになる。さらには、その数字がこの数十年どう推移してきたかも知っておきたい。目立った動きがあっただろうか。業界専門誌には、たいてい「今年の市況」といったものが載っている。こうした貴重な資料を活用したい。

市場調査は、退屈で時間のかかる仕事のように思うかもしれないが、ビジネスで成功したいなら欠かせないプロセスだ。クライアント（顧客）がどのようなものに興味を引かれるのかを知る一つの方法だと思ってほしい。彼らの行動を観察して気づいたことから結論を導き出すという方法。それは、成功したい経営者やマネージャーが答えねばならない質問に客観的な答えを見つけるための計画的な方法なのだ。

既存クライアントの共通項を探る

ターゲット市場を構成する人々を特定できたら、あなたの戦略の次のステップに進む。つまり、特定した人々のどんな問題をあなたの商品やサービスが解決するのか、具体的に見極めることだ。今度は内部に目を向け、もっとも利益を生むもっとも望ましい既存クライアント（顧客）に共通する特徴を探す。

目指すのは、この市場セグメントの安定した流れを再現し、増幅し、定着させることだ。これを簡単な例を使って要約してみた。

仮に自転車を売っているとしよう。活発なクライアント（顧客）層とそうでないグループを分析すると、すべての属性、すべてのマーケティングソースからのクライアント（顧客）を合わせた三〇〇〇人のうち三五〇人がなんと、クライアント（顧客）リストの名前の前に「ドクター」の称号がついていることがわかった。予想もしていなかったことだ。医者向けのマーケティングをした覚えはないが、結果的にはその種の人々をもっとも数多く引きつけていた。

そこで、ターゲットマーケティングの次の段階として、医者にターゲットを向けることにする。彼らには自転車を購入し、しかもあなたから購入する意思と傾向があるため、比較的クライアント（顧客）に変えやすいことがわかっている。あなたは、「何を」提供するかと、それが「誰に」対してもっともアピールするかの両方に気づくことができた。

戦略的な事業者は、クライアント（顧客）化を絶えず行なう持続的システムを持っている。販売データを注意深く分析し、顧客タイプとソースの間の相関関係を示す定量的データを見つけ出している。彼らは儲けの本流がどこにあるのかを把握し、そこを真っ先に攻める。データを分析すると、たとえばこんなことがいえるようになる。

「『ロサンゼルスタイムズ』誌の広告を見てやって来たお客が五〇ドルの装置を買ったら、統計的確率によると、来年中に一〇〇ドルの商品を四つ以上購入し、その翌年にもう四つ購入する」

悲しむべきことに、成長予測のベースとなる経験的（すなわち過去の）データを分析し、それに基づく優良見込み客の創出とその顧客化を図るという明確な目標を持った戦略を採用する事業者はほとんどいない。もう一つエピソードを紹介しよう。

以前、地金を扱っていたことがあった。金融情報を扱うニュースレターがきっかけで見込み客になった人の四人に一人は、六〇日前後で顧客に変わることが高い確実性でわかっていた。私たちが組み立てた一連の戦略的フォローアップ活動（一般的には電話、続いてレター、続いて電話）を行なうことが前提だったが。

　また、初回購入者による売上が最悪でも予測可能な最低限の利益を生み、そうした初回購入者の一〇人のうち六人が数カ月以内により高額な商品を購入するため、さらに大きな利益をもたらしてくれることもわかっていた。控えめの予測だったが、それでも、それがなければいくつかの思い切ったステップを踏むことができなかっただろう。たとえば、従業員を増やしたり、クライアント（顧客）を呼び込む効果のある教育的なニュースレターをお金をかけてデザインし直したり、ニュースレターがきっかけの見込み客を増やして顧客化システムにのせたりといったことだ。

　もう一つわかっていることがあった。それは、ものすごく儲かった月が続いたときには、将来の利益をより正確に把握できる（したがって、あとで戻ってくることがわかっているから支出を増やしてもいい）ということだった。他にも、キャッシュフローが並外れて潤沢な月が続いたときに採用する、効き目はゆっくりだが効果が持続する販促策があり、さらに将来的に利益が流れ込む仕組みをつくることができた。

　要するに、私たちはいろいろなことをよくわかっていた。そして、その知識のおかげで合理的な戦略を立て、どの事業者にとっても悩みの種である不確定要素を取り除くことができたのだ。

成功の次の段階を計画してみる

効果的なビジネス戦略は、けっして古くならない。むしろ、ビジネスとともに進歩し進化し続ける。先を予測し、成功の次の段階を計画することも戦略化の一部だ。では再び自転車屋の例に戻ろう。

今年すでに一万台の自転車を売ったとしよう。そのうちの五〇〇〇台を医者に売った。しかし、そこでやめてはいけない。次は、この医者たちに別の趣味や娯楽、あるいは健康やフィットネス、栄養に関連したものを売ることが論理的なステップだろうか。この第一の質問は、第二の質問につながる。つまり、この属性の人たちは、論理的に他のどんな商品やサービスを購入するだろうか。クライアント（顧客）が主に医療従事者なら、アート、豪華ツアー、スポーツカー、特注家具といった高級品を買う可能性が高い。

この二つの質問を考えるということは、そうした商品やサービスを扱う他の会社を特定できるということだ。そうした企業に推薦や紹介という形でクライアント（顧客）を引き渡し、それと引き換えに売上の何％かの支払いと相手のクライアント（顧客）の紹介を要求するのがよいのか、それとも苦労して維持してきた関係を守るために、直接自分でオファーするのがよいのか。

どちらも正解でも間違いでもない。それはすべてあなたのビジネスの状況や、新たに提供しようとしている商品やサービスの技術的要素などの具体的要因にかかっている。あなたにとっての一番の難関は決断を下すことだ。しかし、それは毎年あなたの利益を倍、もしかしたらそのまた倍にするチャンスをつかむためのすばらしいチャレンジではないだろうか。それこそ成功戦略の醍醐味といえよう。

儲けの仕組みを「分析」する方法を知る

業績不安定と戦うために、戦略化の次にしなければならない第二の仕事は、あなたのビジネスの一生を分析することだ。

経営者のほとんどは、「ビジネスの生涯」が長期的に意味することをまったく理解していない。広告や営業レター、検索エンジンなど自分が利用するさまざまなソースから生まれる売上や見込み客の価値を分析していない。ところが、事業の行き詰まりを克服するには、この種の分析はきわめて重要だ。過去に何が奏功し、何がしなかったか時間をかけて分析しない限り、前進、向上はけっしてない。

ある実例を紹介しよう。

以前、クライアントに、健康維持やアンチエイジングを目的としたホルモン補充療法を専門とする臨床医によって組織されたグループがあった。彼らは、よく「ロサンゼルスタイムズ」紙に広告を出し、そして、広告費を回収すると、広告を引き上げた。彼らに呼ばれてその経営を見直し、業績や指標を分析することになったとき、なぜ元がとれたらやめるのかと尋ねた。彼らはこう弁解した。

「広告に六〇〇〇ドルかけて、新規の患者から六〇〇〇ドルしかとれなかったら赤字です」

そこで私は数字を細かく分解し、過去の患者・治療履歴に基づいた正しい予測を立て、彼らの戦略のベースは何かと尋ねた。患者が来ればそれでいい、というので、それは戦略として効率的でなく、異なる治療プログラムに基づいた戦略を立てるべきだと忠告した。それまで広告をそういうふうに捉えたことがなかったようだ。

彼らには、基本の治療プログラムが三種類あった。それぞれ月に一度、三カ月に一度、そして、半年に一度の通院を必要とする。治療費は患者につきそれぞれ年間一万ドル、五〇〇〇ドル、三〇〇〇ドルで、初回のコンサルティング料は一律三〇〇ドルだ。彼らは、六〇〇〇ドルで打った広告で、新規の患者を二〇人獲得できればトントンだと考えていた。

しかし、彼らのデータを分析し終えた私は、違う見解に達した。

二〇人の新規患者をおおざっぱに三種類の治療法に分けて分析すると、六人から年間一万ドルを少なくとも一年、場合により二年間受け取れる。すると初年度だけで六万ドルになり、新規患者の三分の一だけで一〇〇%の利益が出せる。なぜなら、初回コンサルティング料だけですでに広告の元がとれているからだ。第二の治療法を受ける別の新規患者六人から年間五〇〇〇ドルの支払いを受けるので、さらに三万ドル上乗せされ、計九万ドル。残り六人の新規患者からは、それぞれ少なくとも三〇〇〇ドル、合わせて一万八〇〇〇ドル受け取ることになる。そのうちの半数が二年目も継続すると仮定すると、第三の治療法による利益は合計四万五〇〇〇ドルにも上る。

すべて合わせると、臨床医たちが「トントンの広告」だと思ったものが、実は年間およそ一三万五〇〇〇ドルの純利益を生み出していた。

「ロサンゼルスタイムズ」紙の小さな広告に対する彼らの見方は一変した。広告がそれぞれの治療法に対し、適切な数と質の患者を引きつけている限り、広告を載せ続けてもいいということを納得したのだ。そのおかげで彼らは来る年も来る年も、儲け続けるだろう。それも、たった一本の広告で!

定量分析で見えてくる「プラスの氷山」

こうした「定量分析」は、広告だけでなく、売る場所、売るもの、顧客化した後に提供する(そして購入される)ものも対象になる。あなたが行なうことはすべて、最大の長期的、経済的、戦略的リターンを念頭に置いた将来への戦略的投資でなければならない。

ではどのようにして、営業部隊をどこにもっとも集中させるかを判断するのだろうか。目前のことしか頭になければ、彼らが今日いくらのお金を銀行に入れてくれるかということしかわからない。それは、将来の利益の山をまるまる棚上げしている状態だ。私はそれを「プラスの氷山」と呼んでいる。

つまり、差し迫った問題（氷山の一角）を発見したとき、そのプラスの潜在力、つまり長期的、戦略的な方法でそれを育て利用すれば、それが再生する大きな利益に発展し、湧き出る水のごとく利益を生み出してくれることに、気づいていないことをいう。

前の例でいえば、六〇〇〇ドルは一本の広告からクリニックが引き出した利益のほんの氷山の一角にすぎない。もし私がその水面下にある巨大な氷山の存在を教えなければ、クライアントは、広告掲載を一切やめていたかもしれない。彼らの投資利益率（ＲＯＩ。これについては第6章で詳しく取り上げる）を計算してみると、その広告は、六〇〇〇ドルという控えめな投資で年二〇〇〇％の利益をもたらしていた。

事業データを注意深く明確に分析しなければ、こうした情報を利用することはできない。難しいことではない。が、中小企業のほとんどが実行していない。もう一つ例を紹介しよう。

個性的な小さな店が数十軒集まったカリフォルニアの人気観光地は、二階が板張りのおしゃれなショッピング街、一階がアーケードになっている。そのアーケードを経営する小さな会社が私のクライアントだった。簡単にデータを分析してみると、アーケードの訪問客は一人につきおよそ五ドルの買い物をしていることがわかった。四人家族なら一度の訪問で二〇ドル落としていく計算だ。

それを念頭に、私とクライアントは拍子抜けするくらい簡単なレバレッジ戦略を実行するため、上階に向かった。各店舗が自分のお店で買い物をしてくれたお客にプレゼントできる五〇セント券を配るためだ。ホットドッグ、風船、凧、プレッツェル、何にでも使える。店主たちは、その券に引かれて顧客が自分の店でも買い物をしてくれる上、費用が一切かからないため大歓迎だった。券を実際に使用する家族の割合が非常に高いことを想定し、一人一枚に限定した。一人に一枚ずつ配り、一家族が平均二〇ドルの買い物をすることから、券を受け取った四人に一人から一八ドルが得られると見積もった。

ふたを開けてみると、その読みはドンピシャだった！

データを見れば、長期的成長のためにはどこにお金をかけるべきか、今すぐ現金が必要なときにはどのソースにあたるべきかがわかる。現在のための活動と将来のための活動との戦略的バランスも教えてくれる。あなたがデータを分析さえすれば。

見込み客を顧客にするダイナミックな「システム」

戦略化と分析について説明した。残すは、販売量のばらつきを解消する最後の方法だ。自分が今のやり方を把握しない限り何もうまくいかない。今のやり方とは、長期的にどんなゲームを戦っているのかを知ることだ。言い換えれば、自分のシステムを知る必要があるということだ。

事業者が戦う長期のゲームは、最優良顧客へのアクセスが目標であり、それによって顧客にもっとも簡単な価値提案ですぐにもあなたとの関係をスタートしたいと思わせることができるようになる。それは、取引を前提とした相補的な関係の場合もあれば、最初に情報や無料商品を与える求愛の関係の場合もある。すべてはその場の初回購入を促すためだ。

次の狙いは、それを初回購入に発展させることだ。通常、初めての販売（または小規模の初回取引）では値引きをすることが多い。それはいったん信頼関係を築けば、初回購入者を徐々により大きな商品や商品とサービスの組み合わせへと誘導することがやりやすくなるからだ。一度彼らを前進、ステップアップさせたら、それを何度も繰り返し行なう。

クライアント（顧客）との関係でもっとも難しいのが、初めての顧客を呼び込むときだということを覚えておこう。販売の戦略的主導権を握れば、初回よりも二度目に売ることのほうがはるかに簡単だ。

見込み客をクライアント（顧客）化し、定着化するにはダイナミックなシステムが必要だ。これまでの古いシステムはたぶん機能しないだろう。戦略・分析・システムに欠けるという点に次いで中小企業が犯す二番目に大きな間違いは、どのクライアント（顧客）にも十把一絡げに同じ事業成長モデルを当てはめようとすることだ。

あなたには、その間違いを犯している余裕はない。見込み客によっては、他より少ない時間や注意しか要しない人もいる。パレートの法則によれば、全クライアント（顧客）の二〇％が全利益の八〇％を創出し、全クライアント（顧客）の二〇％が頭痛の種の八〇％を占める。全利益の八〇％を占める二〇％のクライアント（顧客）には、低迷する八〇％よりも当然はるかに多くの時間と注意（と金銭的投資）を向ける価値がある。

しかし、上位二〇％のクライアント（顧客）が誰だかわからなければ、狙うことはできない。そして、データを分析し、相関させることができなければ彼らを見つけ出すこともできない。分析とシステム化は二つで一つ、切り離して考えることはできないのだ。

儲けの仕組みを知り、システムに取り込む

データ分析に役立つ手順はたくさんあるが、手始めに、あなたの購買客を見てみよう。見込み客はどこにいるだろうか。ソース別に見込み客一人にいくらのコストがかかっているか知っているだろうか。というのは、一人として同等の価値を持つ見込み客はいないからだ。

たとえば、紹介客は、既存クライアント（顧客）の中でも最良の一人との確立した関係によって得た成果であり、たまたま電話帳や新聞広告を見てやって来る見込み客よりもはるかに価値が高い場合が多い。しかし、それも会社や業種によって違ってくる可能性がある。データの分析、見込み客やクライアント（顧客）それぞれのコストと価値の算出、そこから得た結論の価値を長期にわたり最大化するシステムの設計。どれもあなたの手にかかっている。

見込み客の分類や、彼らがどんな商品やサービスでどのように顧客に変わるのか、わかっているこ

とを挙げてみよう。一番大きな取引と利益の間にはたいてい、予測可能な相関関係がある。過去に遡ってクライアント（顧客）がクライアント（顧客）になったきっかけを分析し、それから次のことを予想してみよう。

- **クライアント（顧客）が将来、具体的にもっとも購入しそうなもの**
- **購入する頻度**
- **購入し続ける期間**

以上三つの答えを知ることで、クライアント（顧客）それぞれの短期的・長期的価値、ひいては、どのグループが他と比べてより価値があるかを分析する助けになる。一例を挙げよう。

あなたは通信販売会社のオーナーで、工具を購入する顧客にはリピーターが多く、高価な電子機器の購入者には一回限りの顧客が多いとしよう。

気まぐれな電子機器購入者のほうが最初は価値があるが、工具の購入者は時間が経つにつれ、より儲けをもたらしてくれる。だからといって前者を捨てるわけではない。戦略としては、顧客の中でも長期のバックエンド（追加販売）を見込める、予測可能なリピーター層を維持拡大し、その間にこうした気まぐれ購入者に短期キャッシュフローを一時的に刺激させるのが得策かもしれない。

私がニュースレターと雑誌の定期販売をしていたときにも、当初の勢いを維持した場合のキャッシュフローを（プロモーション別の顧客獲得数に基づき）二年先までかなり正確に予測できる公式があった。購読の更新や付随的な商品の売上などがいくら発生し、いつまで続くのかも過去の経験則からだいたいわかっていた。同じビジネスを長い間続けていたので、点と点を結びつけ、そこから予測を立てるのは容易だった。これを「儲けの仕組みを知る」という。

リニアからノンリニアへのシステム思考

その初回の販売で、時々想像とはずいぶん異なる新しいチャンスが開けるときがある。レバレッジに活かせる新たな関係が生まれる可能性だってある。別の例を紹介しよう。

数年前、私のクライアントは、業界第三位の旅行雑誌を発行した。その雑誌の広告料金は一万ドルで、雑誌社のコストはわずか一〇〇〇ドルだった。しかし、広告枠を買う人がいなかったため、雑誌社は困っていた。私は依頼を受けてこのクライアントのデータを分析し、打つべき手を探った。雑誌が苦しんでいたのは長期戦略がなかったからだった。広告販売に伴う予測不能性に対処する、システマチックな方法を考えてこなかったのだ。

聞いてみると、広告枠を求めてバーター取引のオファーが数件あったが、バーター取引のやり方がわからなかったため一度も応じていなかった。私が関与するまでは。私たちは、バーターに対処できるシステムをつくり、広告を一ドルにつき五〇セント、つまり彼らのコストの五倍で現金化することができるようにした。それは、広告枠を巨大プロフィットセンターに変えるノンリニア（非直線的）な方法だった（バーター取引については、第6章で詳しく取り上げる）。

現状をリニア（直線的）だと思ってほしい。たとえば広告業界にいる人が広告を売ってお金をもらっているなら、それが私のいうリニアだ。この雑誌社はリニアな商売をしていたが、広告は十分に売れず、売上は非常に不規則だった。そこで私たちはノンリニアな解決策を探り、それがこの場合にはバーター取引だった。これにより、この雑誌社は一瞬にして広告枠を一ページにつき一万ドル相当の商品やサービスと交換できるようになった。そして一ドルにつき五〇セント払ってくれる個人や会社は難なく見つかった。なんといっても、旅行業界第三位の雑誌だ。前は、一ドルにつき一〇ドルで広告を売ろうとして売れずに赤字を出していた。それがいまや、明けても暮れても一万ドルの広告枠で五〇〇〇ドルの現金を稼いでいた。

この雑誌は季刊誌だった。つまり、広告枠をふつうに売った場合、顧客がそれを買ってから雑誌の発行まで三カ月、広告料の支払いはそのさらに六〇日後だ。したがって、同社が広告枠のトレードを始めたことにより、広告料を五カ月も早く現金で手にできるようになった。どこから見ても損のない商売だった。ちょっとしたシステム思考のおかげである。

テスト、テスト、テスト！

不確実な環境の中で、確実に前進し利益を伸ばすもっとも簡単な方法は、科学と数学の力をあなたに有利なように働かせることだ。数字は何でも教えてくれる。戦略と定量化がデータを理論に発展させる助けになる。そして、そうした解釈的仮説を市場で実験的に試すことが必要だ。一例を紹介しよう。

数年前、暖房・空調サービスを提供するテキサスの小さな会社の仕事を受けたことがあった。オーナーたちと同社の指標を徹底的に分析した結果、機器の具合をちょっと調べてほしいと出張を依頼する顧客が、売上の大半を牽引していることがわかった。暖房機・空調機一〇〇台につき八〇台、つまり八〇％が修理やメンテナンスを必要としていた。

しかし同社はそれまで、こうした数字を戦略的に評価したことがなかった。このデータに意識的に向き合ったオーナーたちはそこに金脈が埋もれていることを認識した。そこで考え出したのが「季節の点検&準備パック」と名づけた新しいサービスだ。夏と冬の年二回、わずか一九ドルで提供する。技術者に三〇ドル支払うため、会社は一〇～一五ドル損したが、最終的には一コールにつき平均して八〇〇ドルの儲けが出た。
この新しい戦略を取り入れ、年に二回季節パックを提供するようになると、それが同社のビジネスのほとんどを占めるようになった。この会社は、推測と不確実性の世界を抜け出し、定期的に大きな利益を得られる戦略的な立場に立てるようになった。それもすべてじっくりと数字を見直したおかげである。

この物語にはもう一つ有益な教訓がある。それは、小さく始めて少しずつ大きくしたほうがいい場合があるということだ。前述の一九ドルの準備パックは、すばらしいアイデアだった。オーナーたちは、いずれ必要になる八〇〇ドル相当の修理をはじめから売り込むより、一九ドルの点検を売り込むほうがはるかに簡単なことに気づいた。その教訓を別のビジネスに適用する方法をお見せしよう。医者がたくさん買っていることがわかった、あの自転車屋の再登場だ。

あなたがこの自転車屋のオーナーだとしよう。そして、これまでの在庫商品の大部分を医者が購入していったので、今度は医者をターゲットにスーパーエルゴノミクスデザインの新しいレース用自転車を売り込もうと目論んでいるとしよう。エルゴノミクスモデルの価格は六〇〇〇ドル。医者相手でも、定価で売るにはあまりにハードルが高い可能性がある。そこでまず、値段はもっと安いが格好よく、エルゴノミクスにも通じるデザインの自転車を売り込み、両方の自転車が店頭にある状態で、第2章で説明した「卓越の戦略」を用い、高いほうの商品に移行させる作戦をとることにした。

医者に安いほうのモデルを見せながら、あなたはいう。

「お客様は、見るからに本当にロードバイクがお好きなんですね。このモデルは一般の方には申し分ありませんが、ここだけの話、お客様にはこちらのすばらしく見事なエルゴノミクスモデルをご覧いただきたいですね。この一帯では、当店が一番多くこちらのモデルをお客様のようなお医者さんにお買い上げいただいているんですよ。いかがですか、ちょっとその辺を一周走ってきていただいて、お客様ご自身で違いをご実感なさっては。お得なお支払い方法もご用意しております」

実際に行なうときには、最初から高価格の自転車を売り込むのと、低価格の自転車をまず売り込んでから高いほうへ誘導するのと、両方の戦略をテストしたほうがいい。なぜなら、市場がどちらにより反応するか、確実にはわからないからだ。うまくいくかいかないかのどちらかしかない。あるいは、それまでのやり方よりうまくいくか、いかないか。前よりうまくいかなかったら、仮説が間違っている可能性が高い。前よりうまくいったら、それまでの古いやり方を、テストした新しい方法に変えるべきだ。どちらにしても、最大の成果を生むためにはどちらの方法をとるべきか、短期間ではっきりと答えが出るはずだ。

しかし、それが現実になっても、そこで止まってはいけない。あなたのゴールは、テストし続け、よりパフォーマンスの高いシステムと戦略を見つけることだ。

予測可能で持続可能な収益獲得システム

私のいう「戦略的になる」とは、まさにこういうことだ。自分を取り巻く世界は、すでに不確定要素で溢れている。あなたのビジネスの取引量までそれに左右される必要はない。景気が不安定なときも、安定的な売上を得る方法を積極的に見つけよう。先に挙げた例を思い出してほしい。

AARPをつくり、急激に売上を伸ばしたコロニアル・ペン、広告枠をバーター取引する方法を見いだした旅行雑誌社、自転車が大好きな医者にエルゴノミクスデザインの自転車を販売するために練った戦略。

三例すべてに隠された共通のアドバイスは、業績のばらつきを解消し、採算性に関して長期的に確信の持てるアプローチに向かって動くべきだということ、そしてビジネスを一段上のレベルに押し上げ、さらにその先を目指す自信を培うことだ。

予測可能で持続可能な収益獲得システムを導入すれば、利益もクライアント（顧客）もずっと先まで保証されたも同然だ。

次は、戦略化についてもう一歩踏み込んで話そう。

重要ポイント

- 業績のばらつきを解消するには、戦略的、分析的、システマチックに行動し始めなければならない
- 常に、見込み客を引きつけ、クライアント（顧客）に変え、長くリピート購入してくれる関係をつくるという長期戦略を進め、高める行動だけをとる
- 戦略化におけるもっとも重要なステップは、次の点を確認すること。「このビジネスでどんな人や企業を引きつけたいのか。それはなぜか」。市場調査を行ない、この質問に答える
- 過去から現在までに打った手を分析する。長期的、財務的、戦略的リターンを最大化する投資を見極める方法は、定量分析しかない
- 全クライアント（顧客）の二〇％が総利益の八〇％を生み出す。それが誰で、何を求めているかを調べ、提供する
- 見込み客をクライアント（顧客）化、定着化するシステムをつくる。絶えず分析に戻り、システムのテストと改良を行なう

即実行

紙を一枚用意し、次の質問に答えながら理想的なクライアント（顧客）または見込み客の定義を書き出す。

①あなたは、あなたのクライアント（顧客）が抱えるどんな問題を解決し、利益を出せるか
②あなたの理想的なクライアント（顧客）は、どんな人または会社か。その場所、規模、そして、取引するメリットは何か

こうした考えを紙にしっかり書き出すことで、その人や会社を引き寄せ、ビジネスの強化につながらない収入源を追いかけなくても済むようになる。

あなたの下で働く誰もが毎日目にするところに理想的なクライアント（顧客）の定義を掲げておこう。

第5章

破砕策4

時間と行動をマネジメントして戦略的企業となる

ほとんどの人が時間を無駄遣いしている

もし典型的な経営者が、自分の行動を日記につけたとしたら、八割近くが非生産的で注意散漫な行動だったことに気づくだろう。マネジメント、戦略化、そしてパフォーマンスを高め、事業をコンスタントに成長させる取り組みに専念している経営者はほとんどいない。これまで通りのやり方で時間、金、人的資本を費やし続け、事業を停滞させる。しかし、戦略的な経営者もいる。一例を挙げよう。

私のかつてのクライアントの一人であるサムは、医療輸送を行なう会社を経営していた。毎朝、スタッフが血液や移植用の重要臓器を急いで受け取り、その貴重な荷物を市内の各医学研究室や病院に急送した。血液や鮮度が重要な臓器などの搬送では、時間が命だ。しかし搬送後の帰り道、輸送車は空っぽになった。路上にいる時間の半分は空で、何の利益も生み出していない。そのためビジネス全体ではぎりぎり黒字になるレベルだった。

ところがある日、すべてが一変した。サムが戦略化し始めたからだ。

サムは、すばらしい計画を思いついた。時間が命の搬送の帰り道、時間が重要でない荷物なら配達できることに気づいたのだ。この戦略の実現にはレバレッジングが必要だったため、サムは自分の計画を実行に移してくれる人を探し、接触した。その中の一人が、人件費や手数料の支払いに困っていた小包配送業者だった。

サムがこの業者にした提案はいたって単純なものだった。

「私があなたの人件費と手数料をすべてなくし、あなたと儲けを折半してもいいといったら、どうしますか。配達は四時間以内に行ないます。たぶんもっと早いでしょう」

命にかかわらない荷物を扱っていたこの業者は、むろん二つ返事だった。

新しい戦略の導入後、サムの従業員が帰り道に配達を行なうたびに利益が生じた。こうして彼は追加投資なしで利益を倍増し、ほぼトントンだった輸送事業を儲かるビジネスに変えた。その上、もう一社を危機から救った。

戦略を持たない人は、たいてい間違った時間の使い方をしている。

この章では、あなたに時間と才能を管理する秘訣をお教えする。その第一歩が「最大最善の活用」と私が呼ぶ真の時間管理理論だ。

時間は、経営者が所有するもっとも重要な三つの無形資産のうちの一つだ（他の二つは、労力と機会費用）。事実、彼らは戦略に注ぎ込むことのできたはずの時間をつまらないことに浪費し、結果として、事業を育て拡大する貴重な機会を逃している。

あなたの時間だけでなく人との関係、機会、行動、費用の最大最善の活用を最大限に利用する方法について話そう。

あなたの「最大」は？　あなたの「最善」は？

最大最善の活用をしていないということは、自分の可能性、利益、将来を犠牲にしているということだ。あなたは、本来持っている能力の三分の一かそれ以下でしか仕事をしていない。なぜなら、あなたが本当にやるべきことよりもはるかに重要でないか、はるかに小さな利益しか生み出さない仕事に時間を費やしているからだ。

ではさっそくあなたの「最大」と「最善」を知るためのエクササイズをしよう。まず、あなたが会社で行なっているもっとも重要なタスク三つを書き出す。次に、その三つのタスクを下位タスクに分解する。すると通常七つくらいになる。最後に、その下位タスクそれぞれを「必要性」、あなたの「能力」と「情熱」の有無の三つに基づき評価する。

では結果を見てみよう。

必要性はないがあなたの得意なタスクは、あなたにとって時間の浪費だ。あるタスクに関してあなたに平均以下の能力しかない場合、あなたはその仕事の適任者ではない。たとえば、従業員のタイムカードをチェックするのに半日もかかるのに、なぜそれをすべきなのだろうか。私がいいたいのは、あなたがすべきでないということだ。他の誰かにやらせてその人を監視するか、抜き取り検査をしたほうがいい。

このエクササイズを使えば、Ｔｏ　Ｄｏリストから永久に除外すべき仕事が判断できるようになり、それによって常に最大限の結果を生み出せる立場に立てる。あ、な、た、に、と、ってもっとも重要なタスクに取り組むことが肝心だ。

重要なのは、「必要性がない、またはあなたが堪能でない、またはあなたが本当にやる気のない仕事はすべて他の誰かに任せる」ということだ。

誰かに任せることで計り知れない価値が生まれる

では、あなたのタスクの一覧ができ上がり、その中にＴｏ　Ｄｏリストから追放されて然るべき仕事がいくつかあったとしよう。でも誰かがやらなければいけない仕事だ。そこで次の議論、「仕事の任せ方」に移ろう。

人に仕事を任せるもっともよい方法は、あなたが仕事だと思っていることを「遊び」だと思う人にそれをやらせることだ。あなたが尻ごみする仕事も、他の誰かにとってはもっとも楽しみに思える仕事かもしれない。一例を紹介しよう。

あなたは、数ある仕事の中で、人と電話で話すことがもっとも苦痛だと感じているとしよう。ではどうするか。知らない人と話すことに抵抗がなく、いつも電話をしているような人を見つける。耳に受話器がくっついているのかと思うような人を。その人には、電話に出て知らない誰かと話すことよりずっと嫌な、やらされたくない仕事がある。聞けば本人もやってみたいという。

その新しい営業マンが忙しく見込み客リストに載っている名前を一人ずつ潰している間、あなたは自分が本当に必要性、能力、情熱があると思える仕事に集中できるようになった。

もう一つ紹介しよう。

何年か前に、私はイギリスで経済界有数の著名人が集まる会議に出席していた。参加者の中に、ヨーロッパで一平方フィートあたりもっとも多くの商品を販売してギネスブックに載った経営者がいた。彼の下で働く役員が全員、運転手付きの高級車に乗っていることを知ったある出席者が、そのような贅沢をするなど尊大で即物的だと彼を非難した。

その経営者はひるまなかった。

「あなたの時間は、一時間七ポンド以上の価値がありますか。私自身に関していえば、通勤時間は、信号に注意したり歩行者を避けたりすることよりも、集中して考えたり戦略を立てたりすることに費やしたほうがいいと思っています。私は、運転手に会社まで送ってもらいたいから七ポンド払っているわけではなく、毎日二時間、私の人生のきわめて貴重な二時間を取り戻すために七ポンド払っているんです。その時間を使って自分のビジネスを何倍にも育てる。その七ポンドは出費ではなく投資ですよ、それも見返りの大きな。その価値は計り知れません」

私がこのことを話すと、クライアントは大概こういう。「でもジェイさん、そんなお金はないですよ」。そこで私は切り返す。

「逆です。お金がないからやるんですよ」

実行したこととしていないことをリスト化する

アシスタントを雇う余裕がないなら、第3章で簡単に述べた（そして第10章で詳しく説明する）レバレッジングの考え方を採用すればいい。レバレッジングを取り入れると、選択肢と機会は急激に広がる。

よく「全部やってみた」という人がいるが、たいてい嘘だ。そういう人は決まりきったことしか考えられずに行き詰まっている。私はそれが証明されるのを目の当たりにしてしまった。

以前出席したトニー・ロビンスのセミナーで、一人の男性がステージに上がり、何千人もの観衆を前にアドバイスを求めた。

「先生、稼ぎを増やそうと思って、ありとあらゆることを試しましたが、駄目でした」

トニーは信じなかった。「この半年くらいの間で最後に試した戦術を二五個から三〇個挙げてみてください。それぞれの効果も」

男性は言葉を失った。彼は一つとして答えられなかった。しかしトニーは引き下がらなかった。

「わかりました。では一〇個でいいですよ」。男性がわけのわからないことをつぶやいていると、トニーはついにとどめを刺した。「結局あなたは何をしたんですか？」

男性の答えは衝撃的だった。「求人欄を見たのと、フランチャイズの説明会に二、三回行きました」

その二つの試みは、彼が試したという「ありとあらゆること」からは程遠かった。男性はアイデアに行き詰まり、ありきたりではない方法を思いつくことができなかったのだ。


何かをやろうとして「自分には無理だ」と思うときはないだろうか。あるという人は、これまでに試した数々の方法をリストアップしてみよう。次に、あなたがターゲットにしていなかった、それに代わる選択肢、機会、可能性を思いつく限りリストにしてみよう。すると、どれほど限られた方法しか試みていなかったかに気づくだけでなく、そのパターンがわかると、自分のビジネス観を広げるために必要な新しい視点も発見できる可能性がある。

人が人生の中で今の位置にいるのは、結局そこにいたいからなのだ。なぜなら、そこにいたくなかったら、別の場所を探すはずだからだ。それはそんなに難しいことではない。先入観にとらわれず、もっと上、もっといいやり方や道を追求しようと思う気持ちさえあれば。

メール、電話、会議の奴隷から脱却すべし

ほとんどの人は日がな一日メールをしている。重大なプロジェクトの最中でも、送られたメッセージがほとんど、あるいはまったく重要でなくても、関係ない。メール受信を知らせる音を聞いたが最後、今までしていたことを中断し、その呼び出しに応じる。時間の浪費、時間の最小最悪の活用である。

私は一日に二度しかメールを見ない。そしてそのときにはメールはきれいに分類され、優先順位がつけられている。緊急のメールがあれば、仕事中でもアシスタントが知らせてくれる。

「すぐに」どころか、そもそもメールを返さなければいけない法律なんてない。ビジネスメールの八割は重要度の低いものだろう。にもかかわらず、どのメールも同等に扱われる。

この対応のしかたは、不安によるところが大きい。重要なメッセージや取引を見逃すかもしれないという不安。しかし「即答」は、時間の最大最善の活用とはいえない。

もっとも生産的な人は、会議に必ずアジェンダを用意させる。アジェンダには、会議の目的、期待される成果、議題とそれぞれに割り当てられた時間、優先項目などが書かれている。要するに彼らに

は戦略があり、それに従っているのだ。

企業などで働いている人は、会議の際にアジェンダを準備するように提案するか、自分自身で率先してアジェンダをつくろう。そのために費やした時間は、生産的で効率的な会議という形で何倍にもなって返ってくる。

「事業としてやる」のと「事業をやる」ことの大きな差

事業としてやるのと、事業をやるのとでは雲泥の差がある。事業としてやるとは、何とか家賃を払い、会社が明くる日を迎えられるように、ぎりぎり最低限のタスクを達成するマネジメントをしているという意味だ。メールを返し、クライアント（顧客）を奪い合い、電気代が毎月払えるようにする。

それとは反対に、事業をやるとは、事業を維持するだけでなく、明日やその先のためにそれを拡大する活動を戦略的に行なっているということだ。そうした戦略を生み出すには、集中して深く考えることが必要で、他のどんな仕事よりも時間をかけ、注意を向け、重く見る価値がある。

事業をやるには、事業をそのカギとなる戦略、マーケティング、イノベーション、マネジメントなどの職務に細分化し、最大最善に活用する方法であなたや従業員の時間をそれぞれに割り当てる。ひと言でいえば、一番、時間と労力と機会を浪費せず、一番お金になることをやるのがあなたの仕事だ。

そこで、あなたが一番お金になることを見極められるように、最大最善の活用をしっかりと実践している事業者が、経営と成長の拠り所にしている一一の戦略的支柱をここにリストアップした。これらは、あなたが「事業をやる」上でカギとなるものだ。一度やったら先に進めるという「ステップ」ではなく、あなたの事業が常にあなたに尽くすように、継続的に利用するツールだ。

事業をやるために欠かせない一一のポイント

①あなたの事業に潜在する資産を探し続ける
②あなたの事業から毎月、大量のキャッシュフローを稼ぐ方法を探る
③どんな行動、意思決定からも成功を生む仕組みをつくる
④複数の収益源を基盤に事業を築き、一つの収入源に依存しない
⑤クライアント（顧客）から見て差別性、独自性、優位性のある事業にする
⑥クライアント（顧客）や従業員に本物の価値を提供し、忠誠と成果を最大化する
⑦すべての行動と投資、投入時間と労力から最大の個人的レバレッジを得る
⑧あなたと同じような経験と考えを持つ成功志向の人々とつながり、アイデアを出し合い、構想を描く

⑨業界や市場のアイデアマンになり、革新家として有名になる
⑩「成長思考」を日々の当然守るべきビジネスモットーとする
⑪あらゆることについて、あなた自身とクライアント（顧客）のリスクを低減する（損失がほぼゼロに、プラスがほとんど無限大になるように）

もし、あなたのタスクの中に、この一一のどれにも当てはまらない項目があったら、それをリストから外すか、誰かに任せよう。あなた自身は何にも邪魔されずに最大最善の原則に専念すること。そうすれば、あなたの戦略化能力に関していえば、最大の潜在力が確保できる。好例を紹介しよう。

私のかつてのクライアントに、電話システムを販売するパトリック・フラナガンという男性がいた。彼は、顧客の大半を売り込み電話という非効率的な方法で獲得していた。その行動には、戦略らしきものはなかった。

パトリックは、ある大手企業の販売担当だったが、その会社には主に企業と小規模事業主という二種類のクライアント（顧客）がいた。しかしパトリックには、小規模事業主に販売する権限しかなかった。その代わり地域的な制約がなかったため、新しい戦略を実行するにあたり、与えられた条件を最大限利用することにした。

パトリックの計画は単純だった。彼は会社の顧客である各メーカー（大手企業のほう）に、不要品（彼らには小規模すぎる電話システム）を自分に売ってほしいと頼む。そしてそれを自分の顧客（小

規模事業主）に売り、大手メーカーに利益の何割かを払う。

それはうまくいっただろうか。もちろんいった。パトリック・フラナガンは、戦略を変えただけで一〇〇万ドル企業を築いた。重要な点に注目したことで、かつてないほどの成功を経験したのだ。

大切なのは次の二点を忘れないことだ。

- **変化を恐れない。それまでのやり方を変えなければ効果的な戦略が立てられないときがある**
- **うまくいっていないときには、戦術を変えよ**

戦略の実行前にリアリティチェック

仮に時間管理はもうマスターしたとしよう。アシスタントを雇ってメールを管理させ、あなたは、事業を新たな方向に進めるために必要な一一の戦略ツールに注力している。すべての基礎は築いた。しかし、世界に通用する戦略を実行する前にやるべきことが最後に一つだけ残っている。それは、リアリティチェック（現実把握）だ。

今、人々は苦しんでいる。あなたがこれまでと同じ給料や時間給を払っていてもいなくても、従業員は困っている。彼らもあなたと同じように不景気や増え続ける出費と戦っている。顧客も苦しんでいる。それも彼らのビジネスや会社の業績、収入が落ち込んだり、職場で人員削減が行なわれたりしているからだろう。

考えさせられる事実がある。今日の不安定な市場では、事業者の八割は経営不振にあえぎ、小規模事業者は成長していない。というより、ほとんどが後退している。従業員は、自分がもらえるはずの401（k）企業年金が徐々に減り、福利厚生が削られ、給料がカットされる（よくて頭打ちの）毎日に精神的に疲弊している。

あなたの職場でもこれとまったく同じ混乱が見られるはずだ。そして他の会社も、あなたのクライアント（顧客）や見込み客が働く会社も、おそらく同じだということを知ろう。その状況を理解し、クライアント（顧客）の生活をよりよく、より豊かに、より楽に、より安全にしたいと心から望むことは、実はあなた自身の業績向上にもつながる。

こうした厳しい環境にも立ち向かおうとするあなたの決意は、あなたの事業の存続をも左右する。なぜかというと、あなたがこれまで以上にクライアント（顧客）の購買経験や購入後の経験に投資するようになるからだ。彼らにとってもっとも重要な問題に注意を向け、彼らが大事に思う価値を提供し、彼らと交わすすべてのやりとりで共感を向けるようになるからだ。

クライアントに共感の気持ちを持つ

共感の出発点は、常にポジティブに人当たりよくクライアント（顧客）や見込み客と接することだ。そんなわかりきったことをと腹を立てるかもしれないが、経営難であなた自身がストレスを感じているときに、顧客の買い物に対する自信、確信、熱意を維持するのは難しい。

共感は、あらゆるビジネス戦略の基礎だ。ひと言でいえば、あなたはクライアント（顧客）と恋に落ちなければいけない。

恋をすると人はどうなるか。恋をした相手が基本的に自分の世界の中心になる。他のことはすべてはるか彼方に消え、その特別な一人のために呼吸し、夢見、生きる。

クライアント（顧客）との関係も、これに近いものであるべきだ。あなたは自分のほとんどすべてをクライアント（顧客）のために費やすことになる。すると、クライアント（顧客）に代わって期待感や心強さを感じることが驚くほど簡単になる。なぜなら、あなたとの取引でクライアント（顧客）にできるだけ得をさせることがあなたの仕事だからだ。

あなたには、自分がかかわることによって彼らの生活をより豊かにするという心構えが必要だ。それをするには、あなたがどれだけ彼らの状況を理解し、尊重し、それに時間や労力を注ぎ込み、共感しているかを示すことが重要だ。クライアント（顧客）の声に気づいたら、それを反復しよう。彼らの抱える問題や感情を言葉にすれば、自分がどんなニーズのために呼ばれ、それを本当に理解しているかどうか確認することができる。

戦略と戦術を変えた結果、自然に起こる三つの事象

クライアント（顧客）の成功が自分の成功だと気づけば、共感はいとも自然に生まれる。それがビジネス戦略の一部だということさえ忘れ、そのうち考えなくてもできるようになる。商売人としてではなく、人として。

このような人格、視点、関心の変化はこの時代、二つの理由から重要だ。

第一に、人は誰かに評価され大事にされていると感じたいと思っている。そして、実際に評価され、大事にされたいとも思っている。

第二に、競争相手はどこも業績不振のため、手間やお金をかけなくなり、短気になり、自分の事業の存続を第一に考えて内向きになる。その結果、市場に対する感度や市場との結びつきが弱くなる。あなたは、けっしてそうならないことだ。

あなたは、不安定な時代に安定を与える存在にならなければならない。確かにあなたのビジネスも、

変わらなければならない。進化し、成長しなければならない。しかし同時に、困っている人が頼り、信頼し、何度も戻って来られる、変わらぬ存在であり続けなければならない。

販売の戦略と戦術を変える勇気を持つと、重要なことが三つ起こる。

①より多くの見込み客に売れるようになり、同じだけの時間と努力で、生産性と取引量、ひいては利益率を高められる

②競争相手との間に一線を画した結果として、多数の人々（とりわけあなたのやり方を高く評価する最高の顧客）に影響を与える

③誰から見ても一番魅力的な選択肢として際立つあなたは、市場に入ってくる新しい顧客をもっとも多く獲得する

あなたが大原則に従いさえすれば、以上の三つはほぼ自然に起こる。常に彼ら、つまり顧客や見込み客ありきなのであって、売り手ありきではけっしてない。それを肝に銘じれば、あなたの戦略は結晶化し始めるだろう。

「三つのP」が事業繁栄の要

ビジネスの成功は、目的（purpose）、可能性（possibility）、情熱（passion）という三つの要因に基づいている。この三つのPをあなたのビジネス戦略の要に据えることだ。以下、それぞれについて見ていこう。

◉目的(purpose)の力

「目的（purpose）」は、あなたの商品やサービスが満たす特定の市場だけでなく、市場にもたらされる社会的善のことを指している。たとえば、あなたの工場は産業界だけでなく、リトルリーグのチームを応援したり、道路清掃のスポンサーをしたりして地域においても活躍しているかもしれない。もちろん事業者は慈善という目的がなくても事業を行なえるし、成功もする。しかし、公益のために働くことは、地域での評判を高める以上に、あなた自身やスタッフの士気を高める。ビジネスに高邁な目的があれば、毎日仕事に行く理由を考える必要がない。常にすぐ目の前にあるのだから。

事業者が持てる究極の目的は、はっきりいって商品やサービス自体に、またそれらが顧客にどう役立つかに関して、より多くの価値、便益、利点、財産を付加することだ。あなた自身の目的を見つける（具体的市場と大義名分の両方の意味で）には、あなたの事業が他よりも優れている点（またはこれからそうなる点）を見極めることだ。人があなたから何かを買うときには、他にあった三つの選択肢を捨ててそうすることを選んでいる。

- あなたの競争相手から買わずに、あなたから買った
- 問題解決や機会実現を別の形で行なう（あなたの電動缶切りを買わずに、手回しの缶切りを使うなど）代わりに、あなたから買った
- 何もしないのではなく、あなたから買った

どの状況でどの選択肢が選ばれるかは別として、あなた自身、クライアント（顧客）があなたから買うべき本当の理由を認識することが何より重要だ。その理由は、あくまで彼らにとっての便益でなければならず、間違ってもあなたの預金を増やすためではない。

◉可能性(possibility)の力

事業繁栄の第二の要素は「可能性（possibility）」だ。可能性がなくては、ポテンシャルもビジョンもない。そして、ビジョンなくして革新なし。革新は、すべての成長のカギだ。可能性を高める訓練

は、スポーツジムに行くのとよく似ている。同じエクササイズをやり続けると、そのうち効果が感じられなくなる。筋肉を鍛え続けるには、新しい方法を取り入れてハードルを上げなければいけない。それは、ビジネスもまったく同じだ。

あらゆる角度から可能性を考えてみよう。たとえば、次の四つの切り口からポテンシャルの世界へ飛び込んでみよう。

・クライアント（顧客）の購買経験をより豊かにするには、どんな大きな可能性があるか考えてみる

・ビジネスをどのように成長させ、どこにネットワークを広げ、他にどんな方法で売ることができるか、可能性を広げる方法を描き出してみる

・利益が増えたことによって可能になったすべての重要なことについて、ターゲットを広げる可能性を探り、計画を立ててみる

・時間という要素も忘れずに。将来の計画を立て、来る世界にどんな影響を与えられるかを考えてみよう

◉情熱(passion)の力

ビジネスに欠かすことのできない第三の要素は「情熱（passion）」だ。芸術や技術、あるいは結婚もそうだが、情熱は物事を達成するための原動力。事業の推進力としての力も、侮ってはいけない。

その情熱は、事業自体に対する愛情だけでなく、その事業が影響を与える市場への愛情でなくてはいけない。市場といっても、「業界」というだけでなく、「コミュニティー」における存在理由、そして、「共に働く人々」の生活の充実も含まれる。情熱の矛先を見つけよう。そうすれば、可能性と目的も自ずとついてくるはずだ。

三つのPは、いってみればビジネス戦略の三輪、あなたを夢に向かって走らせるものだ。そして時間と資源の「最大最善の活用」に関していえば、三つのPは、旅行前のチェックリスト、そして途中で立ち寄る高速道路のガソリンスタンドだと考えよう。全部を合わせたら、あなたは未来の繁栄に向かって走り出しているだろう。

重要ポイント

- 戦略化の第一歩は、真の時間管理から。あなたの仕事をすべて「最大最善の活用」試験にかける
- 時間、労力、機会費用は、あなたのもっとも価値ある三つの無形資産である。そのどれをも無駄にすることなく、戦略に注ぎ込む
- あなたの全タスクを評価しよう。必要性がない、あなたが堪能でない、あるいは、あなたが本当に熱心でない仕事はすべて他の誰かに任せる
- 人に仕事を任せるとは、あなたが仕事だと思うことを、遊びだと思う人に与えること

・メール、電話、会議の時間と所要時間をあらかじめ決めておく。そうしたものに時間をどんどん奪われないように注意する
・社内会議にはアジェンダを準備し、それに従う
・「事業をやるために欠かせない一二のポイント」を実践する
・クライアントの成功があなたの成功。彼らと気持ちを分かち合っていることを伝える
・あなたの目的を知る。あなたが市場にもたらす社会的善は何か
・さまざまな角度から可能性について考える。どのように、より大きくて幅広い持続的な可能性を生み出すことができるのか
・あなたのビジネスとそれが影響を与える市場を、情熱を持って愛する

即実行

自分で自分の秘書をやるのをやめる。人に仕事を任せる習慣をつけ、とりあえず自分のメールを誰かにチェックさせる。

クライアント（顧客）は、あなたにメールチェックしてもらうためにお金を払っているわけではない。問題を解決してもらうために払っているのだから、あなたの時間をもっと実際に収益を生む仕事に注ぎ込むこと。あなたの時間を他のことに浪費するのはもったいなさすぎる。

第6章

破砕策5

効果測定とアライアンスで強靱な収益構造をつくる

キャッシュフローに関する悪い癖

低迷している事業のほとんどは、現金の流入ではなく、それがすぐに流出するのを防ぐのに苦労している。ポケットに穴が空いているかのように、すべての儲けが気づかぬうちになくなっている。給与、設備、インフラといった間接費が、乾ききったスポンジのように利益を吸い取ってしまうのだ。

あなたの会社もそうだとしたら、おそらくマーケティングのＲＯＩ＝return on investment（投資利益率）を測定していないことが大きな「穴」の一つだろう。二番目に重要なステップは、全体的な事業見通しに即して測定期間を調節することだ。なぜなら、業績が急激に落ち込んでいたら、以前のような事業運営はできないからだ。最後に、資金繰りが苦しいときに営業やマーケティング費用を減らしたい誘惑に駆られても、実際にはその逆をすることが身を守ることにつながる。

この章では、キャッシュフローに関するあらゆる問題を取り上げる。間接費が多すぎる場合、間接費が少なすぎる場合、やるべきことをする資金がない場合、投資に対して十分な成果が得られていない場合、どうすべきかをお教えする。こうした要素をすべてこの章の中で扱うのは、いずれも過剰な出費が利益を圧迫しているという共通の問題に帰することができるからだ。

あなたの事業もそろそろ成長すべきだ。キャッシュフローに関する悪い癖を直せば、すぐにでも革命的な利益率を目にするようになるだろう。ではさっそく穴をふさいでいこう。

個々のプロセスの費用対効果を克明に測定する

景気が下り坂になると、経営者は一様にマーケティング予算を減らし始める。しかし、彼らが本当にしているのは、ビジネスを拡大するための投資を減らすことであり、悪循環の種をまくことだ。私は停滞している企業が実際にそうなるのを再三再四見てきた。

私は自分のクライアントが十中八九、本当は初期費用が回収できるかできないか程度の「収入創出活動」を盲信していることに気づいた。しかし、マーケティングの効果がわざわざ測られることはほとんどないため、その事実は請求書の山に埋もれたまま日の目を見ないことが多い。マーケティング活動をプロセスごとに分けて効果を分析しなければならないのは、第4章で触れた通りだ。

人にものを売る商売では、まず、もっとも敏感に反応する層をターゲットにするのが鉄則だ。そうした顧客にこちらからアプローチするか、向こうから来てくれるように動機を与える。

そうしてから、彼らを引きつけた取引、または、互いが継続的に見返りを得られる持続的でリピート性のある関係を始めるきっかけとなる初回取引を成立させる。

私が今挙げた個々のプロセスは、顧客を獲得し、維持するためのサブエレメント（部分要素）だ。

しかしほとんどの会社は、こうした個々のプロセスの効果を測定しないまま、効果がないか低い分野にお金を使い続ける。第4章で紹介したホルモン補充療法のビジネスの話を覚えているだろうか。その会社の経営陣は、ROIの計算を大幅に間違えたために、見返りの非常に大きい広告を危うくやめてしまうところだった。

顧客を狙うことに関していえば、考慮すべき回収要素は他にもある。たとえば、資産の活用や労働力の活用だ。投資に見合うほどの売上を上げていないか、まったく売上のない営業マンの給与や、人の目に留まらず、レスポンスを得られない広告。また、せっかく獲得した紹介客が売上に貢献していない場合もある。商談はしているのに、営業チームの売上、成約率、平均販売量、売上一件当たりの利益、初回購入者から見込める将来的利益などを定期的に測定していなければ、あなたは大金を浪費している。どんな営業活動も、その効果を数値化しなければ、ポテンシャルを最大限に実現しているとはいえないのだ。

景気のかげりに気づき、マーケティング支出を出し渋る経営者がいる一方で、ROIを測定したことがないにもかかわらず、それまでやってきたことに躍起になってもっとお金を注ぎ込む経営者がいる。景気のいい時代に機能しなかったことをどんなにやっても、不況を乗り越える役に立つはずがない。事業が行き詰まったり、落ち込んだりしているときには、投資した額に対していくら戻るのか、あらゆる活動を分析することが一層重要になってくる。

あなたがすることはすべて、単なる経費としてでなく、投資またはプロフィットセンターとして測定する。事業の成長と持続を念頭にあらゆる活動を評価し続ければ、ダウンサイジングやアウトソーシングする代わりに、すでに投資した資産を活用する能力が身につく。こうした資産を使ってジョイントベンチャーを起こし、レバレッジできる可能性もある。これについては、本章の次のセクションで取り上げる。

本当に行き詰まりを脱したいと願う経営者は、熱くならなければいけない。

あなたが事業に投じたお金と労力のROIは一〇～一五％であっても、マーケティング手法の改善に投じたお金と労力のROIはその一〇〇倍かもしれない。それを知ることほど熱くなれることはない。その上、戦略的パートナーシップ（私のいう「パワー・パートナーシップ」）を築いた場合のROIは、計算しきれないほど大きい可能性がある。なぜなら、あなたはゼロかそれに近い自己負担で、人の施設、設備、のれん、基盤、知的資本を利用して何十万、何百万ドル相当の価値を得るからだ。

これぞまさにお得な買い物である。

バーター取引でROIを向上させる七つの作戦

ROIを向上するもっともダイナミックな方法の一つが、バーター取引（物々交換）だ。

バーター取引では、プラスとプラスがうまい具合に組み合わさり、すべての当事者が満足して取引を終える。あなたも、パートナーも、クライアント（顧客）も得をし、関係する誰にとっても損がない。私は、今の経済状況からいっても、バーター取引はビジネスの将来にとって本質的に重要なものだと以前にも増して確信している。

広告枠のバーター取引を導入し、ビジネスのやり方を根本から変えた第4章の大手旅行雑誌をご記憶だろうか。これからはあなたもそれと同等の爆発的成功を経験できるだろう。

以下に、今すぐ実践できるバーター取引の作戦を七つ紹介する。

◉【作戦1】設備投資で現金を節約する

会社でコンピュータを買うとする。値切れるだけ値切った後、その価格の一部、理想的には、二五〜五〇％をあなたの商品かサービスで支払うことを売り手が了承したら、その価格に同意する。それによってどんないいことがあるのか。

あなたの商品やサービスのマージンにもよるが、コンピュータにかかる実コストを最大三分の一減らし、さらに、バーター部分に関して時間稼ぎができることになる。というのは、あなたの商品やサービスがすぐに利用されることはほとんどないからだ。一方、あなた自身は、すぐにコンピュータを入手できるので、その空いた期間分、無利息で延べ払いをしていることになる。

あなたにとってもっと魅力的な商品を、もっと少ない現金で買いながら、あなたの商品をもっと大きな利幅で買わせることもできる。そんなことは不可能だと思ったあなた、現実にあったこの例を知ったら考えが変わるかもしれない。

私は自動車ディーラーが「ソフトダラー」（訳注：現金の支払いを伴う取引を意味する「ハードダラー」に対する用語）を使ってサービス業者に自動車を原価の二倍で売っているのを見たことがある。説明しよう。ある業者が窓ふきをさせてほしいと自動車ディーラーにもちかけるとする。ディーラーは何千万ドルというお金をサービスや商品にかけるから、窓ふきでも何でも、そのニーズを利用して、得な商売をしない手はない。

そこでこの恩恵にあやかりたいとしよう。

自動車ディーラーが取引に応じたら、あなたは車を手に入れる。あなたは商品を原価の五倍で売った。自動車ディーラーは二倍。あなたは原価の二倍で手に入れた車を、自動車ディーラーより安く売る。あなたは自分のサービスで利益を得、取引終了後は、クライアント（顧客）として自動車ディーラーとつき合うことも可能だ。

もう一つの方法として、営業費や給与さえ「ソフトダラー」方式の可変契約を結んで支払うという手がある。これにより、資金が不足または完全にショートしてもなお操業・繁栄し続け、不可欠な人材や業者をバーター取引を利用して雇い続けることができる。

◉【作戦2】専用通貨や金券を発行する

次は、専用通貨や金券を発行するという作戦だ。想像力を働かせれば、自前の通貨を持つ利点は無制限にある。参考までに、ほんの一例を挙げてみよう。

あなたの会社で本当に必要か手に入れたいと思っているものがあるが、現預金が足りないとする。自前の通貨があれば、代金の支払いを先延ばしにしながら、ありとあらゆる商品やサービスを、原価に基づくコストで、今すぐ手に入れられる。

三角取引が必要な場合もある。目当ての会社が欲しがるようなものを自分が持っていない場合には、それを持っている第三の会社や個人とあなたの商品やサービスを取引し、三角取引に持ち込む。具体例を紹介しよう。

印刷業者に五〇〇〇ドルの「つけ」をするとしよう。印刷業者は、五〇〇〇ドル分の印刷をしてすぐに納品する。あなたはバーター取引用の金券で代金を支払い、その金券の使用期限として一～二年の猶予を印刷業者に与える。実際に印刷業者が金券を使うまで、あなたは一銭も支払わない上、印刷業者は何回かに分けて使用する可能性が高いため、コストは時期をずらして少しずつ処理できる。しかも二年間にわたって払う一ドルは、今日払う一ドルよりもずっと安い。

◉【作戦3】失効日を設定する

考えてみれば、バーターの相手が現金化しないこともあるだろう。ただし、これに言及するのは、悪巧みや悪事をそそのかすためではない。金券が使われず、債権「放棄」となれば、当然そうなる事実を述べたまでだ。失効日を設けた場合、発行した金券の何割かは必ず使われずに終わる。一例を挙げよう。

ニューオリンズのある大手ホテルが、テレビとラジオのCM枠一二万五〇〇〇ドル相当を、一年以内に限ってホテルのサービスに利用できる同額の宿泊券と交換で手に入れた。ホテルは正規の現金買い相場で一二万五〇〇〇ドル相当のCM枠を即座にものにした。これは、同ホテルが過去に現金で一二万五〇〇〇ドル支払っていた広告枠だ。

一年後の監査で、テレビ局とラジオ局が宿泊券を三万五〇〇〇ドル分しか使っていないことがわかった。ホテル側には宿泊券を有効利用してもらう準備も意思もあったが、残りの債権は履行されず期限切れになった。ホテルが三万五〇〇〇ドルのルームチャージに対してかけた現金コストはわずか五〇〇〇ドル、つまり五〇〇〇ドルのハードダラーを一二万五〇〇〇ドルの広告にレバレッジしたことになる。

この計算には、次の二つの要素が考慮されていないことに注意してほしい。つい見過ごされがちだが非常に重要な点だ。

- 記録によれば、三万五〇〇〇ドルの宿泊利用で、食事や飲みものなどの現金売上一万七五〇〇ドルから八〇〇〇ドルの利益が発生した。したがって、すべてのコストを差し引くと、ホテルは三〇〇〇ドルの純益を得たことになる

・三万五〇〇〇ドル相当の客室利用は、一度に行なわれたわけではない。一年にわたって利用され、ホテルは五〇〇〇ドルを一年かけて無利息で支払うことができた。つまり、ホテルは先に一二万五〇〇〇ドルの広告枠を手に入れ、その代金も支払ってもらったことになる

以上の事実を踏まえると、このバーター取引は、同ホテルがこれまでに行なった最高の決断の一つだったといっても過言ではないだろう。

◉【作戦4】バーター取引で得たものを現金化する

バーターされたものの多くは、それに支払ったコスト以上の金額で売却・換金できる。しかもこれは中小企業だけでなく、「フォーチュン」誌トップ五〇〇社もやっていることだ。ほんの一例を紹介しよう。

数年前、スペインのあるネットワークテレビ局は、クライスラー社との取引で自動車一九二台を獲得した。ネットワーク七局は、市価の三割引でそれを従業員に販売した。ふつうディーラーは最高でも一五%しか値引かないため、従業員は大喜びだった。一台当たりの平均価格は一万ドルで、最終的な売上は現金で一九二万ドルになった。提供した空き放送枠のコストはゼロ。それは使い道のなかった放送間近の枠で、そのままいけばおそらく使われなかった、つまり取引しなければ収益がゼロにな

るはずの枠だった。

しかし、この取引はこれ以上にお得なものになった。系列ラジオ局は、クライスラー車のうち四五台を、あるメーカーの五〇万ドル相当のテレビ送信機と交換し、キャッシュを一銭も使うことなく、サンフランシスコで新しい高出力UHF局を開局した。この取引のおかげで、サンフランシスコ局の放送開始が一年以上早まり、その上、開局時の限られた現金を使い果たさずに済んだ。このラジオ局は、スペインの他の放送局がサンフランシスコに進出する前に決定的な成功をおさめた。後に同局は、なんと四億ドルで売却された。スペインだけだったら、せいぜい五〇〇〇万ドルといったところだったろう。

◉【作戦5】バーター取引のプロフィットセンターをつくる

現金売りであまり成績の芳しくない営業マンの中にも、バーター取引をやらせると非常に優秀な成績をおさめる人がいる。あなたの営業部隊の中にも、バーター取引をやり始めた途端に眠っていた才能が目覚め、売上を急激に伸ばし、予期せぬ大きなマージンをとってくる営業マンがいるかもしれない。自社の商品やサービスを最高値でトレードしたら、今度は手に入れた商品やサービスを相場よりも安く一般市場に売る。とびきりの例を紹介しよう。

ホームショッピングネットワークはいまや一〇億ドル企業だが、もともとはフロリダの小さなラジオ局のオーナーが従業員の給与の支払いに困って始めた商売だった。オーナーは、金物屋から電動缶切りを一四〇〇個、バーター取引で手に入れ、それをラジオで売って現金にした。そして見事に会社を救った。彼が行なったのは基本的にオークションで、その後ラジオを通じて商品やサービスをリスナーに販売したり、オークションしたりし始めた。二カ月後、小さなラジオ局は黒字に戻っていた。

次にオーナーはケーブルテレビの放送枠を買った。それも成功すると、投資家のバックアップで番組は衛星中継され、そして全国区になった。株価が上昇し、同社はゼロックスを超える大企業になった。現在の年商は一〇億ドル超、すべては缶切り一四〇〇個から始まった。

◉【作戦6】現金資金ゼロで急成長を実現する

事業を始めるために、必ずしも何年も資金が貯まるのを待つ必要はない。斬新なアイデアがあれば、実質的に何も持たずにスタートできるし、資金が向こうからやってくるようになる。どういうことか説明しよう。

カーニバル・クルーズは、フロリダを拠点とするクルーズ会社として始まった。現在、世界最大のクルーズ会社だ。しかし創業時は、船が一隻あるだけで、資本金という資本金もなかった。当初の船も片側しか塗装されていなかった。そのため、片側が塗装されていないことがばれないように、塗装された側を必ず岸につけていたという。そこでカーニバルが考えたのは、売れ残りそうなキャビンを、一〇年計画で一〇〇の都市でのラジオCM、テレビCM、新聞広告と交換することだった。空室キャビンのコストは船が出さえすれば最小限で済み、その上、乗客はバーやカジノ、ギフトショップでお金をたくさん使ってくれる。広告主がクルーズを予約すると、カーニバルは九〇ドル前後の手数料を請求する。その九〇ドルで、すべての食事と、タオルやトイレットペーパー、電気などの費用が賄えた。そのためカーニバルは支出ゼロで必要な広告を打つことができた。

カーニバルが得た見返りは非常に大きなものだった。同社はこのテクニックを使って世界最大のクルーズ会社になった。一〇年経った今も現金を一銭も使わずに、一〇〇の都市で宣伝を続けている。控えめに見積もっても、総売上高は数億ドルを数える。オーナーは億万長者になり、「フォーブス」誌の長者番付にもランクインした。これもすべてバーター取引という一戦略のおかげである。

◉【作戦7】現金を自分のポケットにリサイクルさせる

あなたの会社や組織内でのみ流通する金券をバーター取引に利用するという方法がある。払ったものが直に戻ってくる仕組みだ。

ニューオリンズのホテルの話を覚えているだろうか。同ホテルは、あの一二万五〇〇〇ドルの取引の後も、宿泊券を活用し、今では、年間七〇〇万ドル相当の宿泊券を発行している。そして年を経るにつれその人気が高まり、その宿泊券欲しさに国内のほぼすべてのラジオ局やテレビ局がCM枠との取引に応じている。ホテルは、このやり方で年間推定一〇〇〇万ドルのキャッシュを節約できている。なぜなら、宿泊客の変動が少なく、また、どんな場合も、転売されていない宿泊券だけを受け入れているからだ。要するに、この取引方法でのホテルのコストはゼロに等しいのだ。

もう一例。パームスプリングス市は、市の観光局の広告を発注している。メディア（全国のラジオ局やテレビ局など）側が広告料を受け取るには、観光局との取り決めにより、パームスプリングスに行って、市内で買い物券を使うしかない。言い換えると、広告代金はリサイクルされている。

たとえば、観光局がニューヨークのテレビの枠を一〇万ドルで買うとしよう。彼らは現金では払わない。代わりに、パームスプリングスの観光局が紹介する店ならどこでも使える買い物券で支払う。ただし、そこでしか使えないため、結局すべて戻ってくる仕組みだ。

もう一つ企業におすすめしたいのが、株主優待制度のレバレッジングだ。ボーナスや休暇といった従業員や株主向けの特典をバーターで提供する会社が多い。すべてバーターで賄うため、会社に費用はほとんどかからない。それに、これによって従業員への手当てを捻出できるだけでなく、利益に直結する収入を生み出すことにもなる。

資金不足の会社でなくてもこの戦略は使える。実際にトレードを実施している企業をいくつか紹介しよう。一九七〇年代のオイルショックの間、ガソリンを大量に食う自動車が一気に売れなくなり行き詰まったクライスラーは、六週間で「インペリアル」九〇〇台をラジオやテレビCMとトレードし、会社を生き延びさせた。ヤマハは、広告をギター一万六〇〇〇本で買った。マツダは、広告権を車三五〇台で買った。次に挙げる企業もバーター取引を効果的に活用している。ベストウェスタン、シェラトン、アウトリガー、カーニバル・クルーズ、アエロメヒコ航空、KLM、コンチネンタル航空、シチズン時計、NBC、バジェット・レンタカー、エイビス、コンラッド・クルーズ、メヒカナ航空、エールフランス、TWA、サムスン。

これらの企業はすべてバーター取引を行なったことがある。この経済危機においては、バーター取引を導入する企業はもっと増えると予想される。あなたの会社もその一つになってはいかがだろう。

経費は「成果」に対して支払っていくもの

経営が苦しいときは、たいてい経費が多すぎるか少なすぎるという問題に集約できる。経費が多すぎる場合というのは、一般的に収入のわりに間接費が多すぎるためで、裏を返せば、ROIの測定や目標設定を怠り、パフォーマンスを最大化して収入の流れをつくる方法を知らなかったことの結果だ。経費が少なすぎる場合、従業員はおそらくベストの仕事をしていない。

両方の問題を解決する方法をお教えしよう。プロフィットセンターとしては、第4章で学んだように、従業員の成功がよりあなたの事業の成功（そして収益性）に直結するように彼らの報酬の支払い方を変えることが可能だ。つまり、業績が上がれば彼らの給与も上がり、業績が下がれば彼らの給与も部分的に下がるというように。

その基本的な仕組みはこうだ。営業マンに毎月三〇〇〇ドル支払う代わりに、二〇〇〇ドルの固定給に変動制の歩合給（たとえば、個人の売上の何％かを支給したり、一日の割当回数を超えるクライアント［顧客］訪問ごとにボーナスを支給するなど）をプラスして支払う。

もちろん、その条件は公平なものであると同時に、営業マンのニーズに配慮したものでなくてはならない。そうでなければ、あなたが望むようなプラスの動機づけを与えることにならず、むしろ不安や無気力を招く。それは常に業績にマイナスに響く。したがって、その提示条件がプラスのインセンティブとなり、またあなたのサポート力を反映する構造であることが重要だ。

歩合給制の導入で経費は一気に縮小する。それでも経費が増える場合は売上が伸びているということで、それだけ儲けも出ているということだ。重要ポイントは、給与としてただ払うのではなく、「成果」に対して支払うことである。

具体例としては次のようなものが思い浮かぶ。宝石ディーラーの場合、成績優秀なセールスマンに配偶者や本人へのプレゼントとして珍しい宝石を与える。自動車ディーラーの場合、四半期最高の売上を達成した販売員にメルセデス５５０ＳＬなどの高級車を使う権利を与える。航空会社の場合、従業員に無料か割安で旅行に行ける特典を与える。もともと宝石や高級車、旅行が好きでその道に入った従業員にとって、こうした褒賞やインセンティブは魅力的だ。

間接費の問題を解決するには、第３章で触れたジョイントベンチャーやパワー・パートナーといった考え方を採用することもできる。これらに関しては、第10章でさらに考察する。スリープクリニックのスペースを賃借した足の専門医、インドネシアとマレーシアに渡り、オートバイメーカーと手を結んだ起業家を覚えているだろうか。こうした例は、コストを費用から売上に転換する数限りない方法のほんの数例にすぎない。

戦略的アライアンス（協力関係）を築き、ビジネスの可能性を劇的に拡大し強化することにより、あなたは時代遅れのパートナーシップの考え方にひねりを加えていることになる。戦略的アライアンスの人気の高さを示す事実を二つ紹介しよう。

- **欧米企業トップ二〇〇〇社の合計収益の二〇％以上がアライアンスによる**
- **アライアンスの数は年二〇％の割合で増加し、大企業による新規アライアンスは年間一万件とされる**

莫大なベネフィットにつながる戦略的アライアンス

私たちは、戦略的アライアンスの例を日々目にしている。スーパーマーケットに併設された銀行、ホームデポなどの店内にあるファーストフード店、キンキンに冷えたコークでポテトチップスを流し込もう、と呼びかけるプリングルスの広告。どのケースでも、広告費の節約から露出の増大まで、両者ともに莫大なベネフィットを得ている。

こうしたアライアンスのもっともすばらしいところは、「即金なし」の上、リスクもなしで利益が得られる点だ。経費が利益を食い尽くすのを防ぐには、初期投資の必要をなくす以上に効果的な方法はない。どういうことか説明しよう。

私のプログラムに参加したあるカイロプラクターは、得た知識を実行に移すべく、やる気と自信を胸に帰っていった。彼の家は広大な国有林の近くにあった。その国有林のレンジャーは、松葉の落ち葉掃きのために毎年人を雇わねばならなかった。カイロプラクターは、松葉をマルチ（農業・園芸用の根覆い）にすれば、この上なくいい肥料ができることを知った。

彼は、その国有林が配送ルートにかかっている運送会社を見つけた。そして前金なしで、自分が最終的に得る収益の一定割合を報酬として支払う条件で、トラック運転手に松葉を拾い、届けるよう話をつけた。彼はさらに中古車売り場の広い空きスペースを見つけ、オーナーと取引して使わせてもらうことにした。このときもまた、前金なしで、利益の分け前を払う約束だけをした。

次にカイロプラクターは、国の林野部に行き、松葉の片付けを請け負っていた他の会社よりも安値でこの事業に入札した。彼は半値をつけて落札し、運送会社に松葉を収集させ、中古車売り場に保管させ、マルチ材にして、彼が組み立てた巧妙な三者ジョイントベンチャーで初年度に三〇万ドル稼いだ。しかも、彼はパートナーへの初期投資というリスクも負わなかった。これこそ、パートナーシップの醍醐味だ。

パッケージ販売で安売りから脱する

利益が経費に食い尽くされないためのおすすめの戦略がもう一つある。パッケージ効果の活用だ。

私は、コモディティー化した商品をそれだけではけっして売らない。むしろ、必ず有形か無形の要素を加えて独自なもの、他と比較できないものにする。商品をパッケージで提供すれば、その知覚価値を高め、「卓越の戦略」を最大限に活かすことができる。

事業者のほとんどが「価格横並び」で行き詰まっている。つまり、競争相手と同等の金額しか請求できず、そうしなければ仕事がとれない。しかし、みんなが同じ価格なら、価格を下げるしか成功する道はない。それでも市場で他を寄せつけないほどの独占的地位にいるのでない限り、まわりを圧倒することはできない。それに、いつまでも価格で競争することは不可能だ。なぜなら、いずれあなたの仕事をもっと上手に、速く、安くやる誰かが必ず出てくるからだ。

では、どうすれば横並び価格の泥沼から抜け出せるのか。一つの方法としては、他とは比べ物にならないオファーをすることによってゲームの流れを変え、あなたからしか買いたくないとクライアント（顧客）に思わせることだ。一例を挙げよう。

どのメーカーもコンピュータを一九九五ドルで売り、二〇〇ドルの利益を得ているとしよう。どこも同じ価格のため、あなたの商品はなかなか数がはけない。そこで二〇〇ドルの利益のうちの五〇ドルでソフトウェアや音楽ダウンロード、光マウスなどのアクセサリーを卸値で大量に買い付け、消費者が価値を置くこうしたアイテムを「無償」のボーナスアイテムとしてコンピュータにパッケージする。

いまやあなたは、どこにでもある商品ではなく、誰も考えつかなかった価値あるおまけがいっぱいついた独自パッケージを販売している。他の要素がすべて横並びだとすれば、ふつうの人は他社からではなくあなたから買う。そして、将来のリピート購入もすべてあなたの懐を潤すだろう。

投資回収期限を短縮してキャッシュフローの改善を図る

私がクライアント企業の立て直しを手伝うときには、必ずCEOに、「貴社にとって、後戻りできないぎりぎりの限界点はどこですか」と尋ねたものだ。どんな意思決定も活動も、見通しのきく時点までに費用対効果（ROI）がなければならない。一例を紹介しよう。

私がかつて助けた会社は新しいソフトウェアを導入している最中だった。導入が完了するのは一年後、費用対効果（ROI）が現れるのは三年後だという。しかしこの会社は、半年先にキャッシュが底をつくことが予想された。投資の成果が現れ始める頃には会社は潰れている。

私は、同社のキャッシュがこれ以上減っては危険というレベルに達する限界点を設定し、ROIの回収期限を前倒しし、ほぼ即座に投資回収できるようにした。

「入ってきてもすぐ出ていく」泥沼から抜け出せるかは、すべて毎月予測した通りの入出金があるようにキャッシュフローをコントロールできるかどうかにかかっている。つまり、漏れないように穴をふさぎ、ROIをじっくり見直すということだ。さらには、バーター取引やパッケージ販売の可能性を検討することだ。

重要ポイント

- マーケティング投資の費用対効果を必ず測定する。測定しなければ、お金をどぶに捨てているのと同じ
- 顧客の獲得と維持のためのサブエレメント（たとえば、ターゲット顧客の特定、顧客へのアプローチまたは呼び込み、リピート購入の動機を与える取引の成立など）のパフォーマンスを測定する
- ビジネス全体の見通しに応じて測定期間を調節する。業績が落ちているなら、商売のやり方を変

える必要がある
・すべての活動を単なる経費ではなく、投資かプロフィットセンターとして測定する
・バーター取引を通じてＲＯＩの拡大を図る。設備投資での現金支出の節約、独自のバーター通貨の発行、バーターの取引相手が現金化しない可能性があること、バーター取引で得たアイテムの現金化、バーター取引のプロフィットセンターの設置、現金資金ゼロの急成長、自分のポケットへの現金のリサイクルなど
・経費を払いすぎているときと、払い足りないときを認識する
・商品を独自の方法でパッケージングする
・経営が苦しいとマーケティング費用をカットしたくなるが、歯を食いしばってその逆をやる

即実行
今すぐバーター取引で提供できるものを検討し、リスクの低い管理しやすいバーター取引の世界に足を踏み入れよう。受話器を取り、最初のバーター取引を成立させよう。

第7章

破砕策6

リミッターを外し、現状を打破する

意味のないことに時間を費やし続ける経営者たち

ほとんどの経営者が他社と同じ収益獲得手段を使って会社を経営しようとしている。そんなことでうまくいくはずがない。他のみんながしていることをするというのは、差別化していないということだ。

この章では、「現状思考」から脱する方法をお教えする。効果の出ているもの、期待ほど効果が出ていないものを見分ける。プロセスを検証することの重要性、そしてパフォーマンス向上のために測定しテストすることのメリットに注目する。これを読み終えたら、本当に意味のあることに時間を費やすことができるようになるはずだ。

意味のあること・ないことを把握するための質問

創造的に物事を考えるようになるには、今やっていることをきちんと見極め、効果の出ているものは拡大強化し、出ていないものについてはその先を考えるようにしなければならない。

次に挙げる質問について考えてみてほしい。こうした質問を踏まえてマーケティング戦略を考える経営者は意外にも少ないのだ。

①今どんなビジネスをしているのか
②現在の対象市場はどこか
③その市場にどうアプローチしているか
④その市場の拡大、または市場への接触・参入の方法は現実的に他にいくつあるか
⑤あなたが売ることのできる商品やサービスは何か
⑥他にどんな商品やサービスを付加・提供できるか
⑦そのうち実際につくれるのはどれか
⑧製作・生産委託するとしたら、外注先をどのように見つけるか
⑨自社以外に同様の潜在顧客にアクセスできるのは誰か
⑩顧客に最初に販売する商品やサービスの限界純資産、または生涯価値はいくらか（よくわからないという人は、第9章・第10章を参照のこと。これらの概念についてそこで詳しく解説する）。その次の取引や、累積収益ではどうか

ここで簡単なリストをつくってみよう。ペンをとり、あなたが持っている資産と資源をすべて書き

出す。そして、あなた（やチーム）が自由に使えるスキルや能力を書き加える。営業戦力や戦略的ネットワークなど他の資産も挙げる。最後に、利用可能な資源、たとえば機器、土地建物、活用されていない熟練労働力などもリストアップする。

ＯＫ。これであなたの出発点がわかった。

人の知識は、観察や訓練を通して学んだことだけでできている。一つの業界の中でキャリアを積み、他の世界を経験していない人は、その一つの業界の手口しか知らない。たとえあなたが玩具製造業界の模範的なマーケティング手法に精通していたとしても、靴製造業界にはそれ以上に優れたマーケティング手法があるかもしれない。でもそれを知る由もない。

私はこれまでいろいろなビジネスの考え方や取引のしかたを見てきた。世の中で使われている手法をほとんど一つ残らず分析したが、その中でもなぜか決まって上位に浮上してくる手法がある。手始めに、私が「ファンネルビジョン（視野拡張）対トンネルビジョン（視野狭窄）」と呼んでいるものから紹介しよう。

異業種に学び、ファンネルビジョンを養おう

ある業界では野暮なアプローチも、別の業界では効果的に働くことがある。しかし、新しいアプロ

ーチを試すときには、それが、もっとも効果的で、したがってもっとも利益の出る方法とは程遠い可能性があることをまず認識した上で行なうのが重要だ。

自分のビジネスに取り入れられる新しいコンセプトを見つけるには、他の業界だけでなく、他の戦略的な考え方、行動、取引方法に触れる努力をする必要がある。

本書の読者諸氏は、この調査段階を成功させるために必要な第一の資質、つまり好奇心をすでに持ち合わせている。生まれもった好奇心を発揮して、私のいう「調査マーケター」あるいは「業種横断的マーケティング刑事」になりきってほしい。まず他の業界で使われているビジネス創出・維持プロセスを調べ、次に、それらのプロセスを細分化する。

一番楽にできる調査マーケティングの方法は、クライアント（顧客）のビジネスの話を聞くことだ。話したがらない相手には、自分も話すからといってお願いする。次のような質問から始めるといいだろう。

- どんな販売、マーケティングを行なっているか
- どんなビジネス戦略、ビジネスモデル、収益構造を用いているか
- ターゲットにしている顧客層は
- どんな販売システムやメカニズムを使っているか（ダイレクトメール、電話営業など）
- そのメカニズムで使われるプロセスにはどんなものがあるか
- その中で業界標準になっているものはあるか

・過去に試したこと、最近試したことは何か

以上の質問をしたら、その答えを受けてまた新しい質問がどんどん湧いてくるはずだ。話を聞きながら、できるだけ何らかの評価基準を見つける。そうしたら、知人や仕事仲間にもクライアント（顧客）や見込み客から話を聞くように頼み、情報交換する。協力者全員に役立つエクササイズになるはずだ。

会員制高級リゾートの手法を医療機器販売に応用した例

あるいは、もっと泥臭い方法を試してみてもいい。

職業別電話帳に載っている七〇〇ほどの業種の中から、もっとも興味深い一つを選ぶ。そしてその業種の事業者を一つ選んで電話し、自己紹介して、経営者のお知恵を拝借したいと頼む。自分も同じ質問に答えることを交換条件にして。情報を交換し、学んだことを記録する。あるいは、お客のふりをして、売り込みをかけられるのもいい。どんな戦術を使ってくるか観察しよう。電話を切りたい衝動を抑え、その売り口上を聞き、どんな方法で売ろうとしているのか分析する。どの場合にも、プロセス、順番、要素に注目する。どの部分がもっとも効果的だったか、そして自分のビジネスに取り込

めるか考えよう。これが功を奏した例を紹介しよう。

会員制高級リゾートは、あの手この手を使ってとにかくその場所を見に行かせようとする。たとえば無料の食事や宿泊のみならず、見込みの高い顧客には飛行機代まで提供する。そのオファーに乗り、すばらしい営業プレゼンを見せられた見込み客が買い手に変わる可能性が高いことを彼らは知っているのだ。

以前、私のクライアントに、カイロプラクティック関連機器を販売している人がいた。会員制リゾート業界の勧誘方法を真似、厳選した見込み客を週末、ピッツバーグに招待した。宿泊、食事、航空券、すべて負担した。招待客はその機器をすでに所有している医師たちに会い、プレゼンテーションを受けるだけでよく、そのときその機器が自分の役に立つものかどうか判断すればよかった。結果的に、売り込み電話をかけるよりもはるかに効果があった。クライアントの業績は、その年の終わりには三倍以上に膨らんでいた。

あなたの行動を押しとどめている六つの制約を取り除く

リッチ・シェフレンは、ビジネスを行き詰まらせる制約に気づくことが重要だと熱心に説いている。

才能、知識、使命感や、ビジネス拡大のために投じる時間と労力が左右するのは、ビジネスの「ポテンシャル」だけで、ビジネスの実際の「成功」は、足かせとなる制約によって、そしてそうした制約から自分を解放できるかどうかによって決まる。

現在もっとも目前にある大きな制約と、それを取り除こうとしてやっていることを自覚しない限り、すべてがポテンシャルを高めるだけで終わってしまう可能性が非常に高い。今の成功のポテンシャルと実際の成功を等しくするには、制約になっているものを取り除くしか方法はない。

ネックになっているとあなたが感じる問題は、あなたのビジネスの根底にある隠れた制約によって引き起こされた症状にすぎない可能性がある。あちこちで痛みを引き起こし、ビジネスを衰弱させるもっとも厄介な制約には気づかないことが多い。

そうした制約が明らかになれば、これまでのあなたの不満や失敗、なぜあなたのビジネスが思うようなスピードで伸びないのか、なぜあなたより才能も働く時間もはるかに少ない起業家があなたより早く頭角を現すのか、すべて説明がつく。

こうした制約に気づいて取り除けば、まるでダムが決壊したようになる。取り除いた途端、あなたが自分のビジネスに注ぎ込んだすべての時間、エネルギー、お金が堰を切ったように成長、売上、利益となって溢れ出し、これまでのことが嘘のように感じるだろう。

ここで、よくある六つの制約と、各々を打ち破るために必要な「ハンマー」をシェフレンの著作からそのまま引用し、それぞれについて考察してみよう。

▼【制約1】ミスは何としても避けるべきだという考え

〈ハンマー〉時々失敗を犯す。新しい策やアイデアを試している証拠ならOK。むしろOKより上等だ

常に失敗を恐れて生きている人は、それを改めること。アクションを起こそう。アクションは、ビジネスに前向きな力と方向性を与える。物事がいつも完璧に進まなくても問題ない。

一つの行動やその成り行きに関して自分を責めるのはおかしい。すべては相対的な問題だからだ。クライアント（顧客）が満足しなかった場合の返金保証だけでなく、払い戻し請求書もつけるべきだという人もいれば、保証だけで十分だという人もいる。どちらが正しくてどちらが間違っているかもそうだが、どちらが自分の状況に一番合っているかなんて、わかるはずがないではないか。

方法があるとすればたった一つ、選択肢を一個一個試すしかない。斬新なアイデアを安全かつ的確に試す。効果のあるものとそうでないものを経験を通して学んだら、その結果に従い、その方向に進むのか、別の方向に進むのかを決める。

もし、完璧な失敗だったら？　結構。少なくとも今ははっきりしたわけだし、今後そのことに時間を浪費する心配もない。この世の中、「行動」を通してしか確信は得られないのだ。

▼【制約2】当てずっぽうの経営

〈ハンマー〉素早く頻繁に情報を集める

素早く頻繁に情報が集まるようなシステムをつくれば、この制約は消えてなくなる。

本書で繰り返し述べているように、自社の商品、コピー、オファーなどに対する見込み客やクライアント（顧客）の反応を知ろうとしない事業者は、非常に制約されている。ご存じだろうか。成功者のほとんどすべてが結果的に、意図した道とは別の道を辿っている。

たとえば、ペイパル、エキサイト、フリッカーなど現存する大手オンライン企業のほぼすべてが、創業当初とは異なるビジネスモデルを採用している。

行き詰まる事業者は、たいてい指標について間違った認識を持っている。コンバージョン（顧客転換）を増やすために懸命に努力すべきときに、コンバージョン率が上がることを願っている。

見込み客の目的とビジネスの目的との間のギャップを埋めることが、今日の優れたマーケティングだ。そのカギとなるのが、顧客の購買プロセスを知ることだ。

▼【制約3】リニア思考

ハンマー　自分のビジネスを一本の静的な線としてではなく、たくさんの足や枝のついた一つの大きなシステムとして捉える

リニア（直線的）思考――制約によって引き起こされる痛みの症状には対処するが、制約そのものには対処しない――はあなたから時間とお金を山のように奪う可能性がある。ビジネスを相互に関連し合う一つの大きなシステムとして見れば、ビジネスの問題や課題の原因の九九％は取り除ける。同

じような問題に何度も対処しようとしている会社があったら、その会社にとっての制約は、ほぼ間違いなくリニア思考だ。会社をシステムとして捉えられるようになれば、その制約は完全に解消できる。対症療法ではなく、システム思考を心がける。

以下は、リニア思考の落とし穴から抜け出すための簡単なプロセスである。

- **最初に、あなたのビジネスが抱えている問題を見つける**
- **次に、それをシステムの問題として捉え直す。焦点を「誰」から「何」に移す**
- **徹底的に調査および数値化して、問題の根本を探る。問題を明確かつ具体的に把握するのと同じように、あなたが望む成果についても明確かつ具体的に把握する**
- **次に、この文を完成させる。「[　　　　　] するシステムを導入することが解決である」**
- **そして、システムを具体化し、誰かに構築を委任する**
- **最後に、解決策を実行する。これで一件落着**

▼【制約4】効率の悪いワークスタイル

ハンマー　時間節約術を取り入れ、アウトプットと利益を早く最大化する

第5章で取り上げた時間節約の戦略を覚えているだろうか。あれは単なる賢いアイデアではなく、生産性や利益の高い仕事を選んで行なうための手段だ。今すぐ実行に移そう。あなたは一秒たりとも

無駄にできないはずだ。

▼【制約5】ネットワーク化された世界での孤独

ハンマー 優秀なビジネスプレーヤーからなる、あなた個人の世界的ネットワークをつくる。メンバーは、あなたのビジネスに起こるあらゆる問題を解決する力になる。しかもそうした問題をすでに経験し、克服しているため、早く解決にこぎ着ける

私のいう、今日必ず持つべき強力な個人的ネットワークとは、いつでも助けを求めることのできる相手のことだ。ネットワークには最低三種類の人が必要だ。

①あなたが必要とする「答え」を持っているか、持っている人を紹介できる人
②あなたが必要とする「資源」を持っている人
③ある専門的なタスクをあなたやスタッフの誰よりもはるかに上手に行なえる人

このテーマに関しては、第8章でさらに詳しく説明する。

▼【制約6】販売プロセスにおける顧客のボトルネック

ハンマー 顧客の行動を抑える制約を取り除き、あらゆる販売ポテンシャルを拡大させ最大限に活か

すために後押しし続ける

顧客のパワーを増大させた同じ要因が、顧客の購買決定を困難にしている。

著書『なぜ選ぶたびに後悔するのか――「選択の自由」の落とし穴』（瑞穂のりこ訳、ランダムハウス講談社、二〇〇四年）で、バリー・シュワルツは、購買プロセスの長期化を証明する調査結果を紹介している。

買い物客のグループに高級ジャムの試食販売を行なった際、グループの半数の人には六種類のジャム、残り半分の人には二四種類のジャムを試食させた。六種類を試食したグループの三〇％が最終的にジャムを買い求めたのに対し、二四種類を試食したグループで買ったのはわずか三％（九〇％減）だった。選択肢が少ないことが幸せへのカギなのだ。

購買スピードを高めることが買い手の後悔を減らし、返金率の低下につながるのだ。

これらの六つの制約を取り除くことで、少ない努力でずっと多くの成功を短期間で達成できる。そして市場における最優位のポジションを短期間で獲得できるはずだ。

営業戦力を再活性化させる

第3章で営業マンたちの営業方法を変えることについて話した。今度は、営業部隊を確実に機能させるための具体的方法について語ろう。

営業戦力を再活性化したいとき、私はまず、実際的なものの見方をするようにしている。このプロセスは二段階に分かれる。

第一段階では、すでにしていることを最大限に活かす。「イノベーションの前に最適化」、覚えているだろうか。これをするのは、今まで以上の見返りを得るべきだからだ。そうすれば、増えた分の利益をその発展に、そしていずれはそれに代わる手法を導入し、第二段階の後半でその手法を実践する資金に使うことができる。

第二段階では、データを見る。そのデータが革新のドアを開く。販売活動の個々の下位プロセスを見直し、それぞれにもっとも適任の営業マンを見極める。新規顧客を一番獲得できるのは誰か。幅広い商品を売るのが得意なのは誰か。特定の商品を売るのが得意な人、リピート購入させるのが得意な人、顧客を維持するのが得意な人は誰か。

「誰か」を見定めたら、次は「なぜか」を考える。なぜそれぞれの人は、そのカテゴリーで同僚よりも劇的に成績がいいのか。その成功の要因を突き止めることができたら、そのスキルが誰にでも教えられるものか考える。教えられないものなら、この個人一人にその下位プロセスを任せ、その仕事だけをやらせたほうがいいか検討する。

仮に営業マンが六人いて、分析の結果、トッドは新規顧客を他の人の一〇倍獲得できるが、顧客維持はそれほど得意ではないことがわかったとする。また、ローラは自動車ディーラー相手なら他の人の五倍も売ることができ、レアは他の人の四倍の顧客を維持できることがわかった。あなたには今、二つの選択肢がある。

一つ目の選択肢は、営業マン全員にそれぞれの営業マンの販売手法を教育し、すべての領域で一～二割のアップを図ること。これによって、全体の売上をおよそ三〇〇％向上できる。

もう一方の選択肢は、トッドに新規顧客の獲得を担当させ、獲得した顧客をレアに引き継ぎ、顧客維持を任せる。レアのほうが得意なのだから、トッドに顧客を維持させるよりも理にかなっている。

しかし、最初の質問がなかったら、答えは見つからない。プロセスの分析が特に重要なのはそのためだ。実例を見てみよう。

私が最近会った広告会社は、営業マンを四〇〇人抱えていた。他社同様、新入社員には形ばかりの給与を支給して四週間の研修を受けさせ、その後はコミッションのみの契約に切り替えている。営業部隊は、飛び込み訪問でサービスを売り込み、契約を取り付けることにすべての時間を費やしていた。

このやり方は一見、コスト効果が高いように見える。実際に同社も、控えめにではあったが業績を伸ばしていたため、経営トップも問題があるとは思っていなかった。

しかし私は、彼らの営業アプローチをまったく機会効率・コスト効率の低いものだと見なした。宣伝や人事訓練に大枚をはたき、そのくせほとんど成果が出ていないことを彼らに示した。そして経営幹部に、クオリティーの高い有力なスペースへの広告、ダイレクトメール、セミナーを活用して、将来の有望なクライアントと既存クライアントのみをターゲットにすべきだと説いた。そして、そうしたクライアントに事前にアポを取れば、相手構わず売り込むチャンスを探して時間を無駄遣いしていたそれまでと違い、「収入創出部隊」（私が「営業マン」に対して使う言葉）はすべての時間を現場に出て、すでに買う気になっている、価値の非常に高い見込み客との商談に費やせる。

結果はどうだったか。新しいやり方で売上はあっという間に激増し、最初の半年で五倍になった。

誰もが陥る重大な誤り

多くの経営者が同じ重大ミスを何度も繰り返している。効果のない戦略や慣習のせいでどんなふうに行き詰まるかについては、いくつかのパターンを説明した。今度は、どんな業種の事業者も繰り返し犯す、よくある間違いをいくつか紹介しよう。

フォロースルー、フォローアップをしない

フォロースルー（最後までやり遂げる）していない会社があまりにも多い。ビジネスのどんな領域でもフォロースルーは重要だが、何よりも営業でこそ一番必要だ。フォロースルーと、その対をなすフォローアップによって、クライアント（顧客）は再活性される。つまり、あなたの存在を思い出し、あなたの商品を記憶にとどめることによって、あなたの商品を再び購入したり、ときには誰かにすすめたりさえする。たった一本の電話がプラスの連鎖反応を引き起こすことがあるのだ。

新しいことを試さない

もう一つの重大ミスは、新しい言葉やフレーズ、提案を試そうとしないことだ。自分の意図を伝える方法は常に複数ある。私はかつて巨大家具会社に、店頭で人を迎える方法を三三通り試させたことがある。そして、そのうちの一つだけが売上を三倍にすることを発見した。

ビジネス手法をテスト・分析していない

そして、第5章で取り上げたテストと分析がある。これがどんなに重要なものか、いくら強調してもし足りないくらいだ。私はかつて世界屈指の多変量解析機関と仕事をしたことがある。この会社は、製造過程での変更が生産力に与える影響から、小売店で商品の陳列場所を変えたらどうなるか、といったことに至るまで、実に数十億ドルに相当する変数データをテストしてきた。看板の変更、統合型コミュニケーションの組み合わせの変更、販売でのアプローチやフォローアッププロセスのさまざま

な要素の修正など、とにかくありとあらゆるものをテストする会社だ。そして、私がもっとも興味を持ったのは次の情報だ。一つの変更で小さな変動が起こり、二つ目の変更で同様の変動が起こる。しかし、二つが同時に起これば、最大で三〇倍の激震を生じさせることがある。

今挙げたのはすべて「最適化」の例だ。現在あるものを活かすために、それに別の働きを与える。前に定義したように、イノベーションとは、まったく新しい何かを試す決断をすることだ。

効果のないことをやり続けて行き詰まっている人は、イノベーションという儲けの種を逃している可能性が高い。なぜ、この問題はこれほど蔓延しているのだろうか。

新しいことを試すのが怖い

その一番の原因は、未知なものに対する恐れだろう。確かに不確実なことは怖いことかもしれない。恐怖をなくすには、自分に対して失敗を許すことだ。あなたは必ず何度も、失敗するだろうから。「制約1」を思い出してほしい。やったことすべてが成功するわけではない。でも、新しいことをやってみなければ一生、成功を手にすることはできない。

イノベーションとは、既存の要素や既知の事実を組み換えるだけのことだ。古い要素で新しい組み合わせを考えられるかどうかは、関係性に気づけるかどうかにかかっている。ある人にはただの個別情報でも、ある人には知識の連鎖の一環になる。私にいわせれば、事実はその一つひとつが一般法則を例証している。

ビジネスのやり方を変える五つの簡単なステップ

あなたのビジネス（または人生）で取り組みたい具体的な問題や課題を見つけたら、次の五つのステップを使って、新しい組み合わせを考え、解決につなげよう。

【ステップ1】

あなたのビジネスや業界に関する具体的な情報や、広く社会、人間、物事のあり方についてあなたが気づいた一般的な情報など、生データを集める。役に立つ、または重要、または単純に面白いと思ったことを何でも書きとめる。情報に簡単にアクセスできるように、3×5カード（情報カード）を使う。

【ステップ2】

しばらく温める。このステップは頭の中で行なうが、具体的な構成要素がひらめいたら書きとめる。ここでも3×5カードを使う。

【ステップ3】
しばらくこのことを一切忘れる。意識から消し去り、潜在意識にとどめる。

【ステップ4】
新しいアイデアが浮かんだら書きとめる。思いもよらないときに、まるで降って湧いたかのように、驚くほどいいアイデアが浮かぶ。すぐに書きとめ、紙に永久に残す。

【ステップ5】
最後に、朝の冴えた冷静な頭で見直し、必要なら手を加える。いいアイデアは広がり進化するので、積極的に調整を加え、意見を求め、磨き、改善し続けて完成させる。

残念なことに、ほとんどの経営者は、事業が行き詰まったとき、何か違うことができるとは考えない。自分が犯した失敗で先が見えなくなり、麻痺状態に陥る。出口を見つけることができなくなる。あなたがその仲間でいる必要はもうない。もっと意味のある有望で効果的な方法で市場を動かそう。

重要ポイント

- 人と同じことをやっていたら、差別化していることにならない。行き詰まっても不思議はない

- ここに挙げた一〇の基本的質問を検討し、あなたのビジネス戦略の中で効果のあるもの・ないものを確認する
- 業界業種を超えて発想する。他の業界で使われている営業策やプロセスを調べ、部分要素に分ける。あなたのビジネスに適用できるだろうか
- あなたの行動を制限しているビジネス上の制約を特定し、「ハンマー」で壊す
- 最適化とイノベーションで営業戦力を再活性化させる
- フォロースルーとフォローアップ、新しいことへのチャレンジ、アプローチの分析とテストを忘れず、変化に対する恐怖を克服して行き詰まりを未然に防ぐ
- 創造性が必要なときは、五つの簡単なステップを踏む。生データを集め、熟成させ、しばらく忘れ、アイデアをすべて書きとめ、最後に見直して修正する

即実行
今すぐクライアント（顧客）に電話し、クライアント（顧客）のマーケティング戦略について話してもらう。一件聞いたら、他も聞かずにはいられなくなるだろう。

第8章

破砕策7

「三つのP」で市場における絶対者になる

疎外化とコモディティー化は双頭の悪魔

他社とまるっきり同じことをするということは、自分の事業の死刑宣告を受け入れ、市場から取り残されるのを黙って見ているのと同じだ。

数年前、グレッグという名のクライアントがいた。彼は固定金利型の個人年金を販売する金融会社を経営していた。彼が行なっていたのは飛び込み営業と「ウォールストリートジャーナル」への広告掲載だったが、他社との差別化につながるようなことは何もしていなかった。その結果、彼は市場から取り残された。見込み客から見て、彼のサービスと市場の他の類似サービスには何の違いもなかった。

ところがあるとき、彼は誰か（実は私なのだが）に自分を「固定金利型個人年金の専門家」として推薦する二〇種類のニュースレターを書かせるという大胆なアイデアを思いつき、すべてが一変した。

それは、彼自身や彼の会社を他社と区別する絶好の方法だった。私が推薦し始めてから半年の間だけで、グレッグは六〇〇〇万ドル稼いだ。ニュースレターを通じて優秀な投資家たちと直接つながったグレッグの一人勝ちだった。がむしゃらに働いて数百万ドルだった売上が、六〇〇〇万ドルになった。彼がしたことは、他社との違いを出しただけだった。

この章では、ビジネスのかけ算式成長を妨げる双頭の悪魔、「疎外化」と「コモディティー化」の落とし穴に落ちないための方法を取り上げる。

すべては自分自身、自分のビジネス、自分の商品やサービスを誰もやっていない方法で差別化できるかどうかにかかっている。それさえできれば自分だけを際立たせられる。

その秘訣は、前とは違う「三つのP」、つまり「卓越（preeminent）」「先制（preemptive）」「所有（proprietary）」である。

差別化の第一歩は卓越(preeminent)した存在になること

卓越とは、「他のすべてを凌ぐ」ということ。あなたは、偉大さを追求しなければならない。それは、あなた自身の偉大さではなく、市場に対する影響や貢献の大きさだ。しかし、まずはどんな優れた価値や違いを取引で提供するかというビジョンがなければそれもできない（市場で何がもっとも提供されているかを具体的に知ることも必要だ）。あなたに、物理的な差は何もない。

しかし、まとめ方や提供のしかた次第で、非常に差別化された商品やサービスを持つことは可能なのだ。

違いは、ものの考え方や姿勢からまず現れる。そこから始めれば、あなたがもっとも影響を与えたい人、すなわちもっとも手に入れたい見込み客があなたとの取引に応じるのも時間の問題だ。

なぜか。それはあなたが誰よりも注意を払い、動き、尽くし、いい買い物をさせてくれるからだ。要するに、あなたは他の誰よりもいい投資対象なのだ。この考え方が身につけば、見込み客はすぐにクライアント（顧客）になる。彼らとのつき合い方が他社とまったく異なるからだ。

あなたが当然の報酬を受けるのは、そのときだ。クライアント（顧客）の生活が早く向上し始めれば始めるほど、彼らはあなたが一般的な競争相手とは異なる価値をもたらすことに早く気づく。だからぐずぐずしてはいられない。

卓越の考え方一つで、他のすべてが変わる。その後、あなたはその考え方を発展させて、見込み客と直接的・間接的に接するとき、最初にバラ色の未来を描いてみせ、それを実現できるのは自分だけだと相手に納得させることを目標に置くようになる。

あなたの頭の中では、もはやライバルさえ存在しない。いまやあなたはその取引にどれだけ多くの価値を加えることができるのか、取引が発生する前から、自分との戦いを始めている。

次にやるべきことは、クライアント（顧客）と接するたびに、彼らを説得し、納得させる方法を考えることだ。その間もあなたは、あなたの商品やサービスだけでなく、それに付随するサポートすべてのおかげでクライアント（顧客）がどれだけ豊かになれるかをはっきりとイメージし続けている。それは、あなたが彼らにできるだけいい買い物をさせようと人一倍努力していることを自覚しているからこそ、そう思えるのだ。自分が提供する問題解決法でクライアント（顧客）に最高の未来をもたらしたいと本気で思うことが重要なのだ。

そのステップを終えたら、次はいよいよほとんどの経営者が可能だと気づいてさえいない、エトス（精神・倫理観）と誠実と奉仕の深遠なるレベルに踏み入る番だ。つまり、クライアント（顧客）にとってもっとも信用できるアドバイザーになることである。自分が彼らの立場ならどうするか、自分の持っている知識と照らして親身なアドバイスをする。

その自信と謙遜とをバランスよく保つこと。つまり、未知の領域にアプローチするときは、きちんと状況を理解し、知識を身につけてから行動を起こす。あるテーマに関して知識がないときはそれを素直に認め、自分とクライアント（顧客）のために答えを探る。クライアント（顧客）は、自分の望み、夢、不安、欲求を深く気にかけてくれる正直な人と取引するのが大好きだ。

付加価値と共感的つながりで他を凌ぐ

その市場で見込み客に最大の利益をもたらせる取引相手は自分しかいないということを、心の底から信じることが重要だ。なぜなら、心から誠実に接しなければ、それ以上取引を続けることは自分の良心に背くことになるからだ。

そんな自信が身につくのかと怖じ気づく人もいるかもしれないが、自信は「クライアント（顧客）にとっての最善」に対する確信の現れにすぎない。第5章で述べた、クライアント（顧客）に与えられた他の三つの選択肢について考えてみてほしい。

- **あなたから買う代わりに、あなたの競合相手から買うことができる**
- **あなたから買う代わりに、問題解決や機会実現を別の形で行なうことができる**
- **あなたから買う代わりに、何の行動も起こさないでいることができる**

あなたがすべきことは、それぞれの選択肢のメリットとデメリットを評価し、そのどれにも勝るにはどうすればよいかを考え、自身を正当化することだ。

卓越つまり事実上「他をすべて凌ぐ」ことを目指すということは、できるだけ儲けを増やし、競争相手を潰すということだ。しかし、たとえ最終ゴールがそうだとしても、まずは「付加価値」と「共感的なつながり」という意味で他を凌ぐ必要がある。人が最終的に競争相手の商品ではなく、あなたの商品に高いお金を払わずにいられないのは、その二つが安心や快適を生んでいるからだ。

「他をすべて凌ぐ」を意識していれば、クライアント（顧客）の立場から取引を眺めることができる。他社のほとんどは、クライアント（顧客）がどんな生活を送っているか知らない。彼らが取引をどう見ているのかも理解していない。だからこそ、あなたはそこを出発点にすべきだ。そうすれば、付加価値のつけ方がいくつもあり、そして幾重にもつけられることがわかる。

時々、最後の決め手が必要なクライアント（顧客）がいる。たとえば、「生産技術を極めましたのでばらつきが減りました」とあなたがいうと、クライアント（顧客）は「それで?」という。そこで、あなたは最後の一押しをするために、自信を持ってこう答える。

「生産工程にこだわり、ばらつきがほとんどなくなった製品は、寿命が一〇倍、不具合率は一〇分の一になりました」

それを聞けば、クライアント（顧客）は、あなたの製品のどこが他社より優れているのかを理解する。重要なのは、相手の目線に立って説明することだ。

他をすべて凌ぐ経営者がもっとも望まれる経営者だ。しかし、そのステータスを手に入れるには、そこに到達し、その地位を維持するための体系的、戦略的、持続的な計画が必要だ。卓越性は、実績や貢献に基づいて判断されるため、計画は外に向けられたものでなくてはならない。つまり、追求すべきはあなた自身のではなく、常にクライアント（顧客）のベネフィットだ。

三〇万ドルの売上を五億ドルに増やした元郵便局員

ここで一つお伝えしたいことがある。聞いてショックを受けるかもしれない。

「経営者は誰しも、自分が特別でユニークで貴重な存在だと思いたがっている」

ショッキングなニュースをもう一つ。「それでいい」のだ。

ユニークで貴重な存在と感じたいのはごく自然で人間的な欲求だ。ビジネスでもそれ以外でも。それにもかかわらず、どうしたら現状を逃れ、早く偉大な存在になれるかを知っている人は少ない。別の例を使って卓越の戦略のパワーを説明しよう。

ジム・クックは、ミネソタ州の小さな町で郵便物を仕分ける郵便局員だった。ジムは、先の見える仕事にうんざりしていた上、毎月のやりくりにも苦労していた。そして、自分や家族のために何とかしたいと思っていた。自分の会社を持ち、とてつもない成功をおさめ、一家の財産を築き、二度とお金に困らない生活を夢見た。そこである日、勇気を振り絞って上司に退職を願い出た。

時は一九七〇年代、金や銀の値が高騰し、レアな金貨や銀貨の価値が急騰していた時代だ。ジムは、珍しいコインを取り扱う販売店を開業し、お金が流れ込んでくるのを待った。

ところがお金はいっこうに入ってこなかった。

ジムは途方に暮れた。彼は自分が考えられるベストを尽くしていた。成功したもっと規模の大きい競争相手がしていたことをとりあえずすべてやった。メーリングリストをお金で借り、商品を宣伝するはがきを何千枚と送った。金融雑誌に高い広告料金を払い、大枚をはたいて投資セミナーや見本市でブースまで出した。しかし、それだけの費用とリスク、そしていうまでもなく、辛い労働の年月にもかかわらず、ジムの小さな会社はまだ年間三〇万ドル程度しか売り上げていなかった。

ジムは、市場から大きく取り残され苦しみ始めていた。

私はジムの依頼を引き受けた。それは、彼が三つの重要な特質を備えていたからだった。成功したいという明確で強烈な欲求、クライアント（顧客）に貢献したいという激しい欲求、そして売上を爆発的に伸ばす原動力となる新しいこと、業界の誰よりも革新的なことを試そうという強い意志だ。

私がジムのために描いたビジョンは単純明快だった。彼を何千ものライバルの中から抜きん出させることだ。つまり、彼の少ないお金をダイレクトメールや広告に費やしたり、大手ライバルが使っている大仰で高圧的な販売術をまねるのではなく、ジムをアメリカ屈指の貴金属の権威、貴金属投資における信頼できるご意見番に仕立て上げることだ。

効果的な広告文を考えてメディアに大金を使う代わりに、投資家の役に立つ、内容の充実した教育的要素の濃い記事や特別レポートをつくった。そしてそれを売るのではなく、人気のある投資関連のニュースレターを発行する有力者に無償で配布した。

数週間のうちにそうした発行元がニュースレターにジムの記事を載せ始め、特別レポートを提供し始めた。そして瞬く間に地元メディアや全国メディアが貴金属やコインの異常な値上がりに関するジムの見解を求めるようになった。

「稀少コイン通」と名乗る間もなく、誰もがジムの存在を知っていた。彼の鶴の一声で市場が動いた。そして彼から稀少コインや金銀を買おうと大勢の人が電話し、訪問した。あっという間に年商三〇万ドルだったジムの小さなコインビジネスが爆発した。そして、たった一年半で、ジムの会社、インベストメント・レリティーズは年商五億ドルを売り上げていた。なんと、一万六六六七％の売上増だ。

しかもそのために競合他社よりよく働いたわけでも、お金を多くかけたわけでも、注目されるような売り文句があったわけでもなく、私に彼をその業界の教育的貢献における「卓越者」に仕立て上げさせるだけでよかったのだ。

この例から、非常に興味深い質問が浮かぶと思う。ジムにできたなら、自分にもできないはずがないのでは？　この章のはじめに紹介した金融会社のグレッグも似たような戦略を使い、それがすばらしく功を奏した。確かに、三〇万ドルから五億ドルというのは、誰にでも起こることではない。しかし、あなたが売上を何倍にも増やし、収益状況を大幅に改善できない理由はどこにもない。

考えてもみてほしい。知識や貢献で他をすべて凌ぐ人と、ごく平均的な人と、どちらと取引したいだろうか。大事なのは、以下の二点だ。

- **他をすべて凌ぐ人になろう**
- **すべてにおいて卓越を目指そう**

競争相手の先をいく「先制(preemptive)」のスリーステップ

次に「先制」について説明しよう。

先制とは、クライアント（顧客）が行動や選択を躊躇する原因となっているすべての要因に先手を打つことを意味する。要するに、競合他社が気づきもしなかった障害の数々をあなたが克服したことを証明してみせること。例を挙げよう。

友人のブラッドリーは、不動産で儲ける方法を投資家に教える仕事で成功した。彼のような仕事をする人は、市場に溢れている。しかし、名の通ったライバルとの違いを見込み客に聞かれると、彼はこういう。

「その方より、お客様のためになる仕事をするのが私の強みです。その方はご自分の仕事には長けています。でも私には、他の誰よりもお客様の将来計画や運用目標を短期間で楽に安全に楽しく、そして予測通りに実現したいという強い思いがあります。お客様を損失からお守りし、利益を何倍にも増やし、お客様のお役に立つ倫理的な近道、応急処置、積極戦略をご案内します」

このように自分を言い表し、ブラッドリーはライバルすべてに先手を打った。

もっとも効果的な先制法の一つは、見込み客と一緒に率直なメリット／デメリットリストをつくることだ。

見込み客に、あなたの商品またはサービスの名前とその横に見込み客が比較検討している他の選択肢を二つ書かせる。あとは簡単だ。あなたが最良の選択肢であることを証明すればいい。さきほど挙げた卓越のステップを踏んだ後だから、この作業は自信と確信を持って行なえるはずだ。なぜなら、あなたは自分が最高のオプションであることを知っているからだ。

ビジネスは一つの科学だ。通常何かが効果を発揮していないときは、修復可能な機能不全が原因だ。しかし、修復したくても、競争相手に先を越されたらどうしようもない。

では、どうすれば競争相手の先を行くことができるのか。次のステップを踏めばいい。

【ステップ1】

第一に、クライアント（顧客）を躊躇させている懸念をすべて確認し、克服することによって先手を打つ。前述した不動産投資家のブラッドリーを思い出してみよう。彼は、主要ライバルとの違いを認めることから始めた。その上で、自分にはできてライバルにはできないことを明確に説明した。

【ステップ2】

第二に、その計画に対するあなたの自信、予定されているステップとその結果、あなたがクライアント（顧客）により望ましい結果をもたらすことを明確に伝え、その買い物に対するクライアント（顧客）の自信の欠如に先手を打つ。ブラッドリーはこれと同じ方法で、自分のアプローチの予測可能性を強調し、クライアント（顧客）を損失から守る方法について説明した。

【ステップ3】

第三に、クライアント（顧客）があなたと取引する利点を見いだせていないときには、付加価値の高いアフターサービスや商品・サービスの追加といった購買基準をクライアント（顧客）に教えることで先手を打つ。ブラッドリーが見せてくれたように、これが決め手になる。彼はクライアント（顧客）のリスクを取り除いた後、続いて自分が提供するベネフィットを説明した。彼が提供したのはただの取引ではなく、付加価値のついた取引だった。

先制の戦略をマスターしたら、いよいよ最後の第三のP、所有を修得する番だ。

所有(proprietary)権を握り、市場を独り占めする

この章で取り上げた最初の二つのステップ（卓越と先制）を辿れば、もう第三のステップは目の前だ。

「proprietary」を辞書で引くと、「所有者（権）の、独占の」と書かれている。最初の二つのステップを完了したあなたは、決定的に他と異なり抜きん出ているため、市場から最高の認知を得ている。あなたのやっていることが丸見えでも、その原理を理解していないライバルたちはまねすることもできず、あなたの相手にもならない。

コモディティー化とは、あなたの提供する商品やサービスが普及して多数出回るようになり、他社

の商品やサービスでも簡単に代用できる状態になることをいう。あなたはもはや特別でもユニークでもないということで、まさによくない事態だ。

コモディティーから所有者にシフトするのはごく簡単なことだが、それを理解している起業家はほとんどいない。たとえば、誰もが同じ機械をだいたい同じ価格で売っているとする。あなたは、市場でもっとも優れた製品の所有者であることを主張するために、いち早く手を打たなければならない。

一つのアイデアとして、基本の価格を変えずに、補完的な商品やサービスを追加するなど、他社と一線を画す価値のあるアドオンを組み込むことが考えられる。

仮に定価一〇〇ドル、最大マージン四〇％の機械を売っているとする。しかし、買い手市場の中、どこも一台につきせいぜい二二ドルの儲けしか出ていない。しかし、あなたはこの本を読んだので、行き詰まりについて学んだすべてを行動に移すことにする。ほとんどの人は、他社より一台でも多く売ることに夢中になるが、本当のチャンスは、年に複数回繰り返される継続的な関係をここで築くことにある。それなら、長い目で見れば二二〇〇ドル稼ぐことができる。

つまり、あなたがすべきことは、第6章の終わりで学んだように、あなたの製品を「所有権化」し、買わずにはいられないものに仕立て上げることだ。第6章で学習したあなたは、マージンの一部を使って商品またはサービスを仕入れ、製品に付加し、一〇〇ドルという市場価値以上の価値を持つ新しいパッケージ商品にして売る方法があることを知っている。売る値段は同じなため、あなたのオファーは他のどれよりも望ましく、したがって「所有権化」されていると見なされる。他方、他社のオファーはどれも見分けのつかない「ごく一般的な」オファーにすぎない。

なぜ雑踏の中でも自分の名前だけははっきり聞き取れるのか

実は、神経科学の最新の研究では、あなたの所有権を人に認めさせる上で有利な結果が報告されている。脳には、網様賦活系（ＲＡＳ＝reticular activating system）と呼ばれる部分があり、あらゆる動物や人間の覚醒や意欲の中心だとされている。しかし、ＲＡＳにはもう一つの働きがある。この働きがあるからこそ、ＲＡＳは、経営者にとってクライアント（顧客）や見込み客の脳のもっとも重要な部分になっている。この重要な働きを説明する前に聞こう。

あなたは、次の二つの状況を経験したことはないだろうか。

【状況1】

新車を買ったばかり、または特定の車に興味を持ったあなた。突然、いたる所でその車を見かけるようになる。前からそこにあったのに、それまでは見えなかった。でも今はよく見る。

【状況2】

あなたはパーティで誰かとの会話に没頭している。もちろん、他の大勢の人も同じように話しており、その話し声も聞こえる。あなたは、今の相手との会話に集中しているため、他の人がいっていることを本当には理解していない。しかしふと、周囲の会話のどこからか、あなたのフルネームが口にされるのを耳にする。その瞬間から、あなたの注意は自分の名前を口にした人のほうに向けられる。

一体何が起こっているのだろうか。

脳は膨大な量のディテールを取り込み続けるが、意識のほうはそれをすべて一度に扱うことができない。あなたが正気を保つためには、フィルターが必要になる。そこで登場するのがＲＡＳだ。

ＲＡＳは、あなたに気づかせるかどうかを決める脳の部分である。あなたの記憶の中にすでにある事柄に基づき、一〇〇〇分の一秒より短い時間で判断を下す。喧噪の中でも自分の名前がはっきり聞こえたり、見る場所いたる場所でその車が目につくのはそのためだ。

ＲＡＳをマーケティングツールとして活用したらどんなことができるか想像してみてほしい。見込み客やクライアント（顧客）の心の中で永久的な所有権を主張することができたら、すばらしくないだろうか。彼らのＲＡＳは常にあなたを重要だと判断するため、あなたのメッセージはどんなときでも最初に読まれ、あなたのオファーは優先的に考慮され、あなたの評判はインターネットやメディア界のいたる所で守られるため、あなたの収入はすぐに劇的に増大する。

人間の神経心理の中で、あなたに有利に働くものはＲＡＳだけではない。セス・ゴーディンが最近投稿したブログ記事にあるように、「なぜアイデアの中には、他より普及するアイデアがあるのだろうか。それは、われわれがそうあるべきだと思うからだ。クリス・アンダーソン（訳注：「ワイアード」誌編集長）やマルコム・グラッドウェル（訳注：『ティッピング・ポイント』などのベストセラー作家）が何か書くと、彼らが書いたことだから、いいアイデアだと見なされる」。

あなたが自分を所有者として確立すれば、クライアント（顧客）はよりよい結果を手にし、見込み客はあなたの商品や情報をより高く評価し、市場があなたの評判を広めてくれる。

クライアントに特別だと思ってもらえる唯一の方法

今日の経済において、生活の中で疎外を受けている消費者は、企業を疎外しようとする。彼らはますますストレスを感じ、報われず、満たされていないと感じている。それは金銭面、仕事、家族などで日々感じるあらゆるプレッシャーのせいだ。こうした現象は毎日、運転中のイライラ、高血圧、離婚などさまざまな症状となって現れている。

つい先日、クレジットカードのことでトラブルがあり、私は自分を助けてくれていたアメリカン・エキスプレスのエージェントに思わずかっとなってしまった。その日はすでに四度、同じようないざこざがあった。もっとも、それまでは私がかっとされるほうだった。今回は私が、私の問い合わせ電話に偶然出ることになったこの不運なエージェントに八つ当たりした。

私たちは、日々、見知らぬ無防備な人々に自分の欲求不満をぶつけている。自分と同じように希望や夢を持っているということを考えもせずに。

私たちはわざわざ相手が抱えている問題について考えたりしない。子どもの卒業のことを心配している人もいれば、ただ夕食に間に合うように帰ろうとしているだけの人もいるだろう。もしかしたら私たちは相手にとってすでに最低の一日をさらに悪くしているかもしれないし、相手の人生最高の日を台無しにしているかもしれないが、そんなことはお構いなしなのだ。

そうした要素はどれも現実にある。経営者として、人間として、あなたはクライアント（顧客）の生活をよりよいものにすることができる。彼らを一人の人として受け止め、自分が彼らを助けようとしていることや、自分の商品やサービスが彼らの抱える問題の一つには役立つと伝えることによって。

それには、彼らと自分が売っているものとの間にはっきりとした関係性を見つけることが必要だ。ワープロを販売している人なら、プロフェッショナルなレターを簡単に仕上げるクライアント（顧客）の姿を思い描かなければならない。保険を扱っている人なら、彼らの身に予期しない出来事が起こっても補償を受けられることを彼らに納得させる必要がある。

あなたの仕事に対する見方は一八〇度変わるはずだ。あなたの仕事に対する喜びや期待が彼らに伝染し、その取引がいい経験に変わる。彼らが自分を特別な存在だと感じられるのは、あなたが彼らを特別だと感じるからにほかならない。

私は仕事を始めて間もないうちに、人は誰しも（読者諸氏も含め）尊敬され、感謝され、愛されたいと願っていることを知った。そして、愛されるもっとも簡単な方法は、自分から愛することだ。前にいったように、クライアント（顧客）と（スタッフや取引先とも）恋に落ち、彼らに対する仕事、理解、敬意、感謝を通して彼らの生活をよりよいものにしようと心から思うことが必要だ。

あなたの商品は誰もが欲しくてたまらないものなのだ

どうすれば人を特別な存在だと感じさせることができるだろうか。それには、彼らのニーズを忘れないことだ。廊下でスタッフとすれ違ったら挨拶をするとか、常連客に家族の様子を聞くといった簡単なことでいい。クライアント（顧客）の誕生日にお祝いを伝え、誰が夜間コースに通ってMBAを取得しようとしているか、誰が一つの会社を四〇年間勤め上げて引退しようとしているかを覚えていることだ。

あなたが日々、接する人それぞれに物語があり、それぞれが家族や仕事にとって大事な存在だ。クライアント（顧客）との関係向上には、この事実を日常的な考え方に取り入れることが重要だ。どんな人との取引でもこの原則を守れば、それが自然にあなたの商習慣になり、クライアント（顧客）の気づくところとなる。

ビジネス書で共感や人間理解が語られるとは、意外に思うかもしれない。それに、ビジネスのことより、クライアント（顧客）のことをもっと気にかけなければならないとわかって、ショックを受けた人さえいるかもしれない。ビジネスの悩みを抱えて私のところへやってくるクライアントのほとんどは、内部に目を向けている。どうしたら経費を下げられるか、どうしたら生き残れるか、どうしたらもっとうまくやれるか。しかし、本来考えるべきなのは、こっちなのだ。

「どうしたらクライアント（顧客）のために付加価値を増すことができるのか」

そこにこそ莫大なレバレッジが存在している。

私はこの考え方のおかげで、とても自由になった気がする。だからこそ仕事をこれほど楽しめるのだと思う。

私の交流圏は、感謝のない威嚇戦術という実を結ばない方法論にとらわれている人々とは無縁だ。この章で取り上げた原則をほとんどの経営者や素人はないがしろにしている。

はっきりいってしまえば、それが、彼らが結局取り残され、ストレスを溜め、行き詰まっている原因なのだ。あなたがその二の舞を踏む必要はない。

自分は舞台袖から表舞台に帰ってきたと考えよう。

あなたは卓越し、先制し、所有している。

誰もが欲しくてたまらない商品やサービスを持っている。

次は、誰もが欲しくてたまらないことを誰もが気づくようにする番だ。

重要ポイント

- 自分をコモディティーだと思ったら、必ずそうなる
- 「疎外」と「コモディティー化」は、事業のかけ算式成長を妨げる双頭の悪魔
- その市場で卓越した存在になる。他の誰よりもいい投資対象であることを証明する
- クライアント（顧客）にとってもっとも信用できるアドバイザーになる。誠実と奉仕を常に忘れない
- 卓越とは、付加価値と共感的つながりで他を凌ぐこと
- 先制とは、クライアント（顧客）を躊躇させている懸念をすべて予測し、その不安を和らげること
- 先制のステップ。クライアント（顧客）を躊躇させている懸念に先手を打ち、その買い物の結果に対するクライアント（顧客）の不安に先手を打ち、あなたを選ぶ利点を見いだせないことに先手を打つ
- 所有権を握り、市場を自分のものにする。市場があなたのものになれば、コモディティー化は避けられる
- 網様賦活系（RAS）をマーケティングツールとして活用する。あなたのメッセージが常に最初に読まれ、あなたのオファーが優先的に考慮され、あなたの評判が守られ維持されるようにする
- クライアント（顧客）があなたを所有者だと思えばそうなる

・クライアント（顧客）、スタッフ、取引先と恋に落ちる
・常に外に目を向ける。「どうしたらクライアント（顧客）のために付加価値を増すことができるのか」

即実行

あなたやあなたのオファーに対して見込み客が共通して抱いているマイナス点を三つ～五つ挙げる。それぞれにどう対処すべきか常に考え、リストから外す努力をする。

第9章

破砕策8

マーケティングの力を三〇〇%活用して、価値に気づかせる

生まれついての優秀なマーケターはいない

マーケティングには、ビジネスを押し上げる巨大な力があるにもかかわらず、最低の優先順位を与えられることが多い。

私の考えるマーケティングとは、単純だが、自分たちが問題を解決できることを市場に納得させるか、隙間を埋めるか、他の誰にもできない方法で機会や目的を実現すること、それに尽きる。

こうした問題、隙間、機会の中には、それまで消費者や企業が言葉で言い表すことのできなかったものがあり、それをあなたが言い表せたという事実がいっそう大きな意味を持つのだ。そうした顧客の懸念に対処する力があることをはっきりと力強く示すことのできる会社はすばらしい発展を遂げる。景気のいいときはもちろん、悪いときでも。

マーケティングは、文字通りあらゆるビジネス永続の基本だ。それはつまり、ビジネスを成功させるには、優秀なマーケターでなければならないという意味だ。偉大なマーケターは生まれるものではなく、つくられるもの。多くのビジネスライターやいわゆる専門家がいろいろと複雑なことをいっているが、効率的なマーケティングとは、実は非常に単純なものだ。マーケティングの力を真剣に受け止めた人だけが、市場を自分のものにすることができる。

この章では、どうすれば本当に正しいマーケティング判断ができるかお教えする。その結果、あなたのビジネスは指数関数的成長を遂げるはずだ。

マーケティングが持つ多面的役割

私は、中小企業の「並」と「繁栄」の違いを生むものは、間違いなく一番にマーケティング、次いで僅差で戦略化だということを知っている。

それを知っているだけに、大多数の経営者がマーケティングをしていないのを見ると、信じられない気持ちになる。マーケティングを何らかの形で実践しているごく一部の経営者でさえそのやり方は断続的で不規則であり、彼らの行動、活動、意思決定を司るような戦略もほとんど持っていない。

マーケティングは、ビジネスでもっとも高レバレッジな投資になり得るが、マーケティングの以下の多面的役割を理解しなければ、それを活かすことはできない。

- **質量ともにもっとも望ましい見込み客を特定し、彼らと接点を持ち、彼らを引きつける**
- **これらの見込み客を初回購入者に変え、次に複数商品の購入者に昇格させ、彼らが必要（と欲求）を感じるたびに、絶対的最良の買い物をしに戻りたいと思わせる**

・顧客との関係を質的に向上させ、彼らのビジネスを強化し、繁盛させ、その成果を保護するような新規または補助的な収入源を、彼らに対する倫理的な調査を通して発掘する

戦略的マーケティングの目的は、今述べたステップがどんな状況においても、順に起こるようにすることだ。

私がつくるマーケティングプランは、常にプロフィットセンターとして考えられる。経営者のほとんどは、マーケティングにお金を使う余裕がないと思っている。それに対する私の答えはこうだ。マーケティングにお金を使っているうちはマーケティングではない。マーケティングは、ビジネスにとってもっとも投資効果の高い活動なのだ。

一例を挙げよう。ほとんどの経営者は、不動産、株、債券またはオプションなど種類や度合いは違えど投資に関する知識を持っている。資本を運用して、いいときは一二～二〇％、悪いときは（運がよければ）五～七％の利益を得るというのが一般的な投資概念だ。もちろん資本は失いたくない。そこでもし、起業家にできる、一〇～一五％の見返りが実質的に保証された投資案件があったら、それに投資しない手はないだろう。

マーケティングの力は絶大で、正しく行なえば、一貫して一〇〇％以上、ときにはその数倍かそれ以上のＲＯＩを生み出す。賢い投資とはこのことをいう。

事業者が行なう活動はほとんどすべてがＲＯＩを期待して行なう投資だ。人、施設、設備、商品、教育に投資するのは見返りを期待しているからで、その見返りには、コスト削減や売上増加などさまざまな形がある。

仮に今ある倉庫を大きくしようと思っているとする。拡張分の面積がプロフィットセンターになるはずだ。そうでなければわざわざお金をかけたりしないだろう。設備にも同じことがいえる。それがたとえば生産量の増大、時間短縮、拘束資本の減少といった利益をもたらすと思わなければ新しい機械に莫大なお金を投じたりしないだろう。

マーケティングには、何百％ものＲＯＩを生み出す力がある。それには的確なマーケティングが必要だ。的確なマーケティングとは、マーケティングの役割を理解し、希望する具体的な成果を出すためにそれを取り込むことだ。

戦略計画の一部としてのマーケティング

マーケティングとは何で、何をするものかがわかったら、次にそれを全体的な事業計画に統合させることが必要だ。最初に考えるべきなのは、「私は何を達成したいのか」ということだ。

以前私のセミナーで、アメリカ海軍特殊部隊ＳＥＡＬＳの元上級インストラクターをゲスト講師として招いたことがあった。彼の方法論は、そのシンプルさがすばらしく印象的だった。あらゆる行動が標的、武器、動きの三つに集約されるという。

彼がいうには、標的を知らなければその接触を成功させることはできず、もし標的が複数なら優先順位をつけなければならない。最初の標的を念頭に、最大の影響を与えることのできる武器を選び、そしてその武器との整合をとる的確な動きを決めねばならない。

マーケティングもこれと同じだ。マーケティングを行なうのは、見込み客がもっともいそうなソースを狙い、もっとも費用対効果の高い方法で彼らにアクセスするためだ。その方法は業種によって異なるが、ビジネス成長の三つの基本構造のうちの一つを必ず含んでいる。このテーマについては、私が出した最初の本、『ハイパワー・マーケティング』（金森重樹監訳、インデックス・コミュニケーションズ、二〇〇五年）で詳しく取り上げているが、簡単にいうと、ビジネスを大きくする方法は、たった三つしかない。

①クライアントの数を増やす
②クライアントあたりの平均販売額を増やす
③クライアントの購入する頻度を増やす

仮にあなたが年商一〇万ドルの会社のオーナーで、売上高を一〇〇万ドルにすることを目標にしているとしよう。今と同じビジネスモデルを維持するとしたら、今の一〇倍のビジネスをしなければ目標は達成できない。しかし、それには資本、人員、インフラ、そしておそらくあなた個人のマネジメントスキル以上のスキルが必要になるため、考えにくい。

そこで、あなたは目標を設定したあと、もっと好都合でレバレッジできる別の実現方法を見つける。たとえば、一度の販売で二倍儲かるようにする。それなら今の販売回数を五倍に増やすだけで済む。または、クライアント（顧客）にもっと頻繁に買い物をさせるか、一〇倍儲かる（またはリピート購入を何倍にもする）新しい商品を紹介することもできる。それなら、たった一度の販売で目標達成だ。

要は、やり方はいろいろとあるが、最初に目標となぜそれを達成したいのかをはっきりさせなければ、やれることもやれないということだ。そして、効果の高い確かな方法が見つかれば、それだけ早く目標に到達し、長くそこにいられる。

そのカギとなるのが、そう、マーケティングだ。

「戦略的マーケティング計画」立案の九つのステップ

戦略的マーケティングはとても重要だ。そこで、友人のリッチ・シェフレンと協力して、成功するための秘訣を詳しく説明するために「メイベン（達人）・マトリックス」を考案した。以下に、ミリオネアのマーケティングがわかる九つのステップを紹介する。このステップに従えば、あなたも本当にミリオネアになるかもしれない。

【ステップ1】市場の信頼を勝ち取る

この世の中はコピーで溢れている。疎外化とコモディティー化の貪欲な悪魔にそそのかされ、商品やサービスはどれも似たようなものばかりだ。誰のマーケティングメッセージも陳腐で、まったく同じことをいっているように聞こえる。これという選択肢がない。見込み客もクライアント（顧客）も、誰が本当に要求に応え、自分たちのことを一番考えてくれているのか、今回や将来の買い物を誰に託していいのか、託すべきなのか、判断がつかない。

その結果、彼らは専門的なアドバイザーや知人、そしてそれまで慣れ親しんできた情報源を頼りに購買決定を行なう。しかし、この差別性の薄れ、ありふれた単一のマーケティングメッセージの流用という現状は、実は大きなチャンスだ。あなたは、九九・九％の事業者が見過ごしている、市場における卓越の役割を引き受けるチャンスを与えられているのだ。

たった一つのことを実行するだけで、すぐにでも市場から圧倒的に頼りにされる存在になれる。それは、「関心を持つ」ことだ。

それまでと違うどんなことをすれば問題を解決し、ニーズを満たし、目標を達成できるかを見込み客に示すことができれば、それは彼らの信頼を得るプロセスに着手したことになる。そして、彼らがあなたを信用すれば、どんな買い物が自分の問題の解決に役立つのか、あなたにアドバイスを求めるようになる。すべてはやはり共感から始まるのだ。

共感については第5章で取り上げたが、それがマーケティングにどう関係するかは説明しなかった。共感は、商品やサービスを販売するときにもっとも重要となるツールの一つだ。なぜなら、それによってクライアント（顧客）を効果的に効率的に説得することができるからだ。

自分の市場の「悩みどころ」を知らない人は、おそらく市場から取り残されているだろう。そこで、第4章で取り上げた市場調査テクニックを使って、悩みどころリストをつくり、それを一般化した表現にまとめる。さらにいいのは、それをあなたの個人的な物語に織り込み、市場の不満を理解していることを示すことだ。ターゲットの相手があなたの話と自分を重ね合わせることができたら、彼らの注目を得られたということだ。この点についてはまたあとで話そう。

とりあえずここでは段階ごとにプロセスを説明しよう。最初に、あなたの市場で人々が直面している最大の問題と、それによって生じている不満を書き出す。それから、その問題と不満を時系列に並べる。だいたい一番にくる問題（または多数派にとってもっとも重要な問題）、だいたいその次にくる問題というように決めていき、最初の問題から最後の問題までを順に並べる。

次に、これらの問題を見込み客よりうまく言い表す方法を、少なくとも三通り考える。難しく考える必要はない。他に問題をもっとうまく言い表そうと努力した人はいないのだから、わざわざそれを考えるというだけで飛び抜けて優位に立てるのだ。なぜか。それは、彼らが抱えているものをあなたが理解しているということが伝わるからだ。

見込み客の問題が目の前にはっきりと現れたら、あとは自由に、最良の解決策を考え出せばいい。きっかけがつかめない人は、次の例を読んでイメージをつかもう。

第8章に出てきた「稀少コイン通」のジム・クックを覚えているだろうか。彼はこうして市場への共感を表している。

「急激なインフレを心配したり、金銀硬貨に投資する方法を知らないことに不安を感じたりするのは投資家として賢明なことです。しかし、気をつけなければならないのは、他の金銀硬貨ディーラーは押しが強く、最初から大きな投資を約束させようとします。お客様の資産をどんどん動かすのが彼らの狙いなんです。私は、まず小さく始めて慣れていただくのがいいと思いますよ」

見込み客の悩みどころを見極めるとは、要するに、クライアント（顧客）に具体的に細やかに、そして率直に対応するということだ。そうやって市場の信用を勝ち取るのである。

【ステップ2】キャラクターを確立する

第8章で「三つのP」について説明した。今度はそれを行動に移す番だ。

著書『「リーダー」の肖像――20世紀の光と影』（山崎康臣・山田仁子訳、青春出版社、二〇〇〇年）の中で、ハーバード大学のハワード・ガードナー教授はこう述べている。「リーダーは、もっぱら、彼らの呈示するストーリーによって力を発揮する。ストーリーは、それを通じて聴衆や組織のメンバーが何らかの方法で『自分は誰か』を考え、将来の意見の枠組みをつくるのを助けるものでなければならない」（訳注：山崎・山田訳を参考にした）。

自分の物語を書くことについては少し後に話す。とりあえず今は、マーケティングのもう一つの文学的側面に注目しよう。それは、キャラクター（人物）である。

卓越した経営者とは、信頼されるマーケットリーダーだ。それは少なくとも一部には、彼らが市場で「定位置」を確保しているからだ。言い換えると、彼らが狙っている見込み客やクライアント（顧客）は、彼らのことを知っているように感じている。そこで質問だ。

会ったこともない大勢の人が、どうしたらあなたのことを知るようになるのだろうか。まるであなたのことを個人的に知っているかのように少なくとも感じているとしたら、それはなぜか。

そこが、個人ブランディングの秘訣、方法、戦略、テクニックの使いどころなのだ。マーケティングという文脈で、人があなたを知るようになるのは、あなたがコミュニケーションを通して描く「一貫した」役どころ、または人物像を通してしかない。

残念ながら、ほとんどの経営者は、市場に対して何の人物像も描き出していない。その一つの要素を変えるだけで、マーケティングへのプラスの影響は急激に大きくなる。

人物像は、偽造物ではない。むしろ蒸留物に近い。いってみれば人前で行なうプレゼンのようなもの。あなたにとって重要な信条、価値、基準を効率的に伝える手段だ。影響力のある達人は、自分の性格（強み、ときには弱みも）と、市場ともっとも効果的に共鳴する性質とを結合した人物像を持っている。

一部のテレビ番組や映画、小説は爆発的にヒットするが、それ以外は、ただヒットするだけだ。そこには、登場人物の問題が大きく関係している。

エンターテイメントの世界では、市場が登場人物に共感できなければ、テレビ番組や映画、小説が売れないことは常識になっている。実際、観る側が登場人物を気に入れば、お粗末なプロットや安っぽい特殊効果といったマイナス点が多くても大目に見る場合が多い。

今度映画を観たり、小説を読むときに考えてみてほしい。どんなキャラクターに引きつけられたか、それはなぜか。同時に、クライアント（顧客）や見込み客がどんなタイプを好み、そのキャラクターに自分を肯定的に投影するか考えてみよう。

このことに少しでも気づいている経営者は少ない。しかし人々は、ポップコーンを手に暗い映画館に座っているときも、数百万ドル企業に投資しようとしているときも、特定のタイプのキャラクターに引きつけられている。したがって、あなたは必然的に人々に好まれる信頼できる人物像をつくらなくてはならない。自分の人格のさまざまな側面をさらけ出し、自分が何者なのか人々に理解してもらわなければならない。これがうまくできればできるほど、人はあなたを知っていると感じ、あなたを信頼する可能性が高くなり、そして、あなたのビジネスは早く大きくなる。

嘘をつけといっているのではない。まったくその逆だ。しかし実際のところ、人間はメールや新聞広告や短いオンラインビデオでは簡単に伝えることができないほど多くの側面を持つ複雑な存在だ。自分のこと、そして自分がその市場で成し遂げようとしていることを、もっとも正確に反映する特性や立場を抽出することが重要になってくる。

私がいいたいのは、小説家が登場人物を描くのと同じ方法で、あなたも自分を描き、人に知ってもらわなければならないということ。つまり、あなたの振る舞いを通してである。

クライアント（顧客）、見込み客、市場全体があなたのことを知っているように感じさせるには、あなたが選び、明らかにしたキャラクターとあなたが重なって見えるような物語を伝えるのが一番だ。ライティングの先生も同じようなアドバイスをしている。「（ナレーターが）語るな、（登場人物の言動や感情を通して）示せ」

あなたの役がどんな人物かは、人物記述によってもわかるが、物語では、それを実際に態度でも示さなければならない。

フィクションの世界から最後にもう一点。完璧な人間じゃないほうが信用される。欠点があるほうが人間として面白く、それが「つかみ」になって顧客の心に深く浸透する。そして人間らしさ、正直さを認めてくれるようになる。

リッチと私は、それぞれのクライアントファイルを分析し、大まかに二四種類の人物タイプを見つけだした。これらのタイプは、ほとんどどの市場にも存在する。以下、主要なものを紹介する。ただし、これを絶対的なものだとは思わないでいただきたい。

実際には、卓越の人物像は、ユニークな人同様、星の数ほど存在する。あなたに近いと思えるタイプが見つかったら、役立ててほしいが、自分で自分のタイプをつくってもいいし、ユニークな組み合わせを考えてもいい。ビジネス成功のビュッフェに来ていると思って、あなたとあなたの市場に合ったパーツを選んでほしい。

◉卓越した人物像のサンプル

自信に満ちた大物またはビッグビジネスビルダー

仕事中毒の人が多く、常に次のビッグチャンスを狙っている。将来を見通す力があるが、うぬぼれや傲慢にとられるきらいがある。誰もがこのタイプの人を知っている。ドナルド・トランプだ。

舞台裏の人形使い

ひと言でいえば、ヘンリー・キッシンジャー。計算高く、謎の多い陰の人物。力がある（または金持ち、または賢いなど）ことを誰もが知っているが、実際にどんな動きをしているのか、はっきり知る人はいない。

研究者

好奇心が強く、勤勉で、真実を直感的に発見することも多い。内向的な性格で知られるアップル・コンピュータのスティーブ・ウォズニアックは、このタイプの本質的な特徴を備えている。

信頼できる情報筋

舞台裏で起こっていることを教えてくれる人。このタイプの人は対立を好み、注文が多く、高い水準を求める。決然としていて押しが強く、計画的で、規律を重視する人が多い。ビル・オライリー（訳注：ニュースキャスター）が適例である。

独力で立身した人

億万長者のカール・アイカーンやイーベイのメグ・ウイットマンのような人。意志が強く、粘り強く、自分の成果を非常に誇りに感じる。通常、人に対する期待が高い。乗っ取り屋、横取りするタイプ。

あまのじゃく

このタイプの人の性格を想像して思い出すのが、サム・ゼルだ。所有していた不動産をすべて売却し、トリビューン帝国（「シカゴトリビューン」紙と「ロサンゼルスタイムズ」紙の発行元）を買収した。このタイプの人は、どんな巨大システム（政府、企業を問わず）も信用しない。陰謀をよしとする。たいていは博識だが、多少焦点がずれている可能性がある。

変人

この性格の人は、自分がルールであり、人と一緒にされることを嫌い、何よりも自分の個性を重視する。寛大で活気に富み、型にはまらず冒険好きといった特徴がある。ヴァージン航空のリチャード・ブランソンが思い浮かぶ。

因習打破主義者

このタイプの人は、伝統に関心がない。フェニックス大学の創立者、ジョン・G・スパーリングのように、権威に対しても、尊敬に値するものでない限り、ほとんど敬意を表さない。危険を冒すことをいとわない性質がこのタイプを象徴している。

怒れる者

誰しもこのような人を知っている。赤ら顔の、投資指南番組「マッドマネー」のホスト、ジム・クレイマーのような人。論争好きで独善的なこのタイプは、激しやすく、ときに面白い事情通である。

天才

内向的で頭脳明晰なこのタイプは、自信があり積極的である。人を見下すことがあり、社会に適応できない人が多い。ビル・ゲイツといったら差し支えあるだろうか。

盛り上げ役

パーティの主役タイプ。テリー・ブラッドショー（訳注：元ＮＦＬ選手、現ＮＦＬニュース番組ホスト）とチャールズ・バークレー（訳注：元ＮＢＡ選手、現スポーツコメンテーター）がわかりやすい。このタイプは陽気で楽観的である。どんな状況でもプラスのことを見いだす。周囲の人の士気を高めるのが得意で、熱意が人に伝染しやすい。

大体おわかりになったことだろう。そこで、練習として、残りのタイプそれぞれについて、どんな特徴的な性格を持った人物タイプか自分で考えてみよう。

まとめ役

アンソニー・ロビンス（訳注：ビジネスコーチ）

追放者

ドリームワークス・アニメーションＳＫＧのジェフリー・カッツェンバーグ

ふつうの人

ハワード・スターン（訳注：人気ラジオＤＪ）

インテリ

ニュート・ギングリッチ（訳注：政治家）

主唱者
ポール・ニューマン
マッド・サイエンティスト
ベル研究所のジェオン・キム
最高の楽観主義者
ジグ・ジグラー（訳注：自己開発プログラムの開発者）
未来派
ジョン・ネズビッツ、フェイス・ポップコーン（訳注：ネズビッツ、ポップコーンともに未来学者）
うっかり者の教授
アルバート・アインシュタイン
魔術師
スティーブ・ジョブズ

家族思い

シスコシステムズのジョン・チェンバース

ＯＫ、ここまできたら、今度はあなた自身の卓越の人物像について考える番だ。その人物像をどうすれば改善、多面化、精緻化、または定義し直せるか考える。

莫大な製作費をかけた映画で有名なハリウッド俳優があなたを演じているところを想像してみよう。どの俳優にやらせたらいいだろうか。その俳優はどんな演技をするだろうか。何についての物語だろうか。観た人は、その人物をどう言い表すだろうか。

今度は、どんなタイプの性格・人格の持ち主があなたの市場で評価されるか考えてみる。市場は、どの人物タイプに引かれるだろうか。好かれやすいタイプはどれだろうか。どんな隙間タイプが存在するだろうか。

自分の人物像を確立する作業は、ちょっと楽しい思いができる作業だということを忘れないでほしい。自分の一番いい部分を強調し、それ以外のいい部分も表に出そう。これはあなたがずっとなりたかった人になるチャンスなのだ。イサベル・アジェンデ（訳注：チリの作家）がいうように、「あなたはあなた自身の人生の語り手である。あなた自身の伝説をつくることもつくらないこともできる」。

【ステップ3】ビジョンを打ち立てる

あなたの強みにマッチし、あなたの市場と共鳴する卓越の人物像ができたら、次は、市場に対するビジョン（あなたのサービスを市場へ導く中核的な信条）の基本的要素を明らかにする。事例はたくさん挙げられるが、ここでは三つだけ紹介しよう。

- フェデラルエクスプレスのフレッド・スミスは、アメリカのどこへでも必ず翌日までに書類を届けるというビジョンを打ち立てた。彼のスローガンは広く知られている。

「絶対に間違いなく一晩で届けなければいけないときに」

- トム・モナハンは、ピザのあるべき配達方法をビジョンとして打ち立て、スローガンと顧客への約束とした。

「三〇分以内にあつあつのピザが届かなかったら無料」

- ラリー・ペイジとセルゲイ・ブリンは、もっとも関連性の高いウェブページを速く引き出せる検索エンジンのビジョンを打ち立て、一九九八年、友人のガレージで会社を始めた。グーグルの企業価値は、創立から一〇年で推定二三〇億ドルに達した。

残念なことに、多くの起業家は、市場ではなく自分の企業に関するビジョンを打ち立てる。自分の商品やサービス、または、その分野でもっとも成長の早い会社になるという発想に惚れ込む。

しかし、前述したように、卓越したビジネスとして素早い成功をおさめるカギは、「クライアント（顧客）と恋に落ちる」ことだ。彼らの暮らしにベネフィット、利点、豊かさ、保護、そして相互にとっていい関係をもたらすことを本当の目的にすることができれば、すぐに卓越を達成することができる。

だから、あなたの会社の真の目的、存在理由をしっかりと探ってほしい。

【ステップ4】あなた自身の創世神話を語る

グループダイナミクス（集団力学）を研究し、作家でもあるクリスティーナ・ボールドウィンは、「人は言葉で考え、物語でつながる」と述べている。

卓越した経営者には、物語、歴史、市場での実績がある。彼らの成功は、それらをいかにうまく伝えるかにかかっている。あなたは、自分がなぜその市場に存在しているのかを知ってもらわなければならない。そして自分の夢や期待、今の不満、個人的な失敗、これまで成し遂げてきたこと、これからまだ成し遂げようと努力していることを打ち明けねばならない。

情熱を持って正直に打ち明ければ、予想をはるかに超える成功が待っている。それをせず、右へならえの「その他大勢」企業の仲間に入るならば、あなたはコモディティー化し、永遠に価格を下げ続けることになるだろう。

作家で国際的な講演家のトム・ピーターズは、こういう言い方をしている。「一番いい物語を持っている者が勝つ」。それだけのことなのだ。誰もが聞いたことのある、古典的な達人物語を考えてみよう。たとえばビル・ゲイツ物語。彼は、賢くもシアトルのソフトウェア会社が開発したOSを買い取り、それを新型PCのOSに採用したIBMにライセンス供与した。あるいは、フィル・ナイト物語。オレゴン大学で陸上のスター選手だった彼は、ワッフルメーカーを使って自分のランニングシューズをつくり始めた。彼は、自分が設立した会社、ナイキで九〇億ドルの個人資産を築いた。そしてもちろん、いまや誰もが知るスティーブ・ジョブズとスティーブ・ウォズニアックの物語がある。二人がメンローパークという町のガレージで組み立てたパソコンが今のアップルだ。

企業の成功は、企業が語る物語に基づく。私たちはどうしてビル・ゲイツやスティーブ・ジョブズの物語を知っているのだろうか。それは、彼らが何度も繰り返し語っているからだ。達人は、どんなことよりも、物語を語る。こうした個人のストーリーを通して、自分が今のビジネスに至った背景を人々に理解させ、それによってクライアント（顧客）や見込み客に、自分を信用すべきだと説得しているのだ。

私がいう「創世神話」の「神話」は、けっして「つくりもの」という意味ではない。そうではなく、太古の物語のような美しい叙情詩的な話、出自、歴史、目的を物語る話をイメージしてもらいたいのだ。

あなたがそもそもその市場に入ろうと思ったときのことを思い出してみよう。きっかけは何だったのか、ただの偶然だったとしたら、なぜその先もとどまろうと思ったのか。その市場のどんなところが好きか。どんなところが嫌いか。もっと深く掘り下げてみよう。その市場での最大の業績は何だろう。次に、最大の失敗は何だろう。これを考えることをきっかけに、正直になろう。

心からの「あなたの痛みがわかる」的なストーリーは、市場とつながるための信じられないほど効果的なツールにもなる。正直になればなるほど、市場の信頼を得、信頼を得れば得るほど見込み客に対し、何を買うべきか倫理的にすすめることができるようになる。

【ステップ5】対極的な立場をとる

アドレー・スティーブンソン（訳注：ケネディ政権下で国連大使を務めた政治家、演説家として知られる）は、あるとき、自分の雄弁術とケネディ大統領のそれとを比較してこういったとされる。

「昔、キケロが話し終わったとき、人々は『なんとすばらしいお話』といったが、デモステネス（訳注：打倒マケドニアを訴えて遊説した弁論家）が話し終わると『さあ行進しよう』といった」

何かの立場をとるということは、何か別の立場に反対するということだ。成功した達人は、しばしば対極的な立場をとる。彼らは、低水準のサービス、粗悪な商品、まぎらわしい広告や、それを提供する人や企業を許してはいけないと訴える。言い換えれば、成功した達人は、大概断固たる見解を持っているのだ。

人々はこぞって彼らの意見を聞き出そうとし、その意見がストレートで熱意に溢れたものであればあるほど市場は賛同する。なにも否定的なことをいう必要はない。注意を引くために、名指しで批判する必要もない。しかし、クライアント（顧客）や見込み客の利益を守るために、非難すべきことは非難すべきだ。一例を挙げよう。

チェイス・レベルは、次々に新しいプロジェクトを手掛けた不屈のビジネスマンだった。

私は、チェイスが学校を出てからずっと、莫大な儲けを生んだビジネストレンドを調査し続けていることを知った。彼は自説を曲げない人だった。思ったことをいい、一部の会社を称賛して他を非難した。そこで私は、彼のこの偏った立場を利用して彼を卓越した存在にすることにした。

私たちは協力して「大儲けしているのは誰か」というタイトルのレポートを作成した。そしてこのレポートの中で、チェイスを「どんなにわずかな時間でも、そこから最大限の見返りを得られるように、自分の時間を一瞬たりとも無駄にしないまじめな人」として紹介した。さらに、彼が調査を行なった本人だということや、他の誰とも違う厳しい経営者視点を持っていることも明らかにした。

その卓越の位置づけと、巧みなマーケティングスキルとが組み合わさり、チェイスのビジネスは勢いよく上昇した。彼の事業とは、いまや売上高数億ドルに及ぶ国際的な出版コングロマリットである「アントレプレナー」誌だ。断固とした対極的な立場をとることは、的確に行なえば、支持者（敵も）を得、怪物レベルの財政的成功を生み出すことにつながるのだ。

自分を改革者だと考えよう。あなたがその市場のクライアント（顧客）だとしたら、何を変えるだろうか。何をどんなふうに改善するだろう。何が悪いのか。何が必要か。何が足りないのか。その市場の業界団体に講演をする機会があったら、何を話すだろうか。何を要求するだろう。豊富な業界知識で、未熟な見込み客にどんなアドバイスをするだろうか。消費者改革運動を始めよう。

【ステップ6】独自用語を開発する

人は卓越したあなたのことを知っているかのように感じる。そして、人を知っているということは、ある程度の性格的特徴を予想できるということでもある。成功した達人がクライアント（顧客）に期待され、ときには楽しみにさえされる「儀式」、つまり予測可能な言動をわざわざ行なうのはそのためだ。

一つの方法としては、独自のコミュニケーションスタイルを形成するという手がある。チャールズ・ディケンズが一世紀以上も前に使ったテクニックだ。

ディケンズは、登場人物をつくり上げる際、それぞれに特殊な言い回しやアクセント、文章の切り出し方など、話し方に独特の癖を与え、読者がすぐに話者を特定できるようにした。

市場との関係を強化するためには、あなたもクライアント（顧客）や見込み客が予測できる儀式的な言動を行なうべきだ。それを通じて、彼らはまるであなたを知っているように感じる。それが予想できればできるほど、人はあなたを信用するようになる。

達人とはつまり、その道のマーケットリーダー、専門家、権威となっている人々だ。このようにして彼らは議論に使う用語を定義し、基準を設定し、解決策を編み出す。達人としての能力を使って、あなた独自の「技術」である独特の言葉遣いや理解力の示し方を「開発」しよう。

言葉を選んで自分のものにする、それだけのことだ。伝説的ともいえるトニー・ロビンスの例を取り上げよう。


トニー・ロビンスは、神経言語プログラミング（ＮＬＰ）を学んだ。彼はその条件を少しだけ変えて、それを神経連想コンディショニング（ＮＡＣ）と言い換えた。彼が「ディケンズ・パターン」と名づけた別の概念もある。また、デミング博士が唱えた品質概念に基づいて彼が考案し、商標登録した独自の頭字語「ＣＡＮＩ（終わりなき改善）」もある。

リッチ・シェフレンも同じようなことをしている。彼は、ビジネスレポートに「マニフェスト」という言葉を使った。今では、ネットのマーケティング界で「マニフェストを探している」といえば、リッチのことを指していると誰もが解釈するほどだ。彼がレポート全般につけたもう一つの名称は「ドクトリン」。最新のレポートを「アテンション・エイジ（注意の時代）・ドクトリン」と呼び、まるでそのテーマに関する唯一の文書のように人々に思わせ、読まずにはいられない決定的に重要なもののように見せている。

いってしまえば、どんな言葉やフレーズも自分のものにすることができる。「アテンション・エイジ・ドクトリン」は、「アテンション・エイジ」というフレーズが初めて使われたことでも知られる。リッチは、「アテンション」が稀少なコモディティーになったと主張しているが、それに言及したのは彼が初めてではなかった。ノーベル賞を受賞したある科学者が一九七一年（リッチが生まれた年）に述べている。

しかしリッチは「アテンション・エイジ」という言葉をつくって、それを自分のものにした。グーグルで検索すると、今私たちが暮らしているアテンション・エイジについて議論するウェブページがおよそ一〇万あることがわかる。そのほとんどがリッチをその言葉を考案した達人として紹介している。

そこでしばし、卓越した権威というだけでなく、その市場の先駆者、科学者、開拓者になりすまそう。

あなたには、その市場の複雑な事情を初心者に説明する任務が与えられているとする。彼らに必要な知識とその理由を伝えなければならない。説明するためのシステムも自分でつくらなければならないとしよう。自分なりの用語、システム、わかりやすい仮説を考えよう。その市場についての本か電子ブックを書いていると仮定して。あなたなら、どんなことを伝えるだろうか。市場に出ている商品やサービスのさまざまな側面を言い表す新語や新しいフレーズを思いつけるだろうか。現状の市場よりもうまく市場を体系化できるだろうか。優先順位を改善できるだろうか。価値観を変えられるだろうか。

【ステップ7】市場と独自につながる

ビジネス上の儀式的な言動（慣習的行為）の一つとして、独自のコミュニケーションルート、つまり、あなた特有の市場とのつながり方を持つことが重要だ。たとえば、毎月曜朝のメール、ブログ、ポッドキャストビデオ、月報など。一例を紹介しよう。

ゲイリー・ベイナーチャクは、ローテクで安価なビデオブログを使ってファンの人々と情報を交換している。彼は、一般消費者向けに、ワインの楽しみに関する五～一五分のビデオを配信している。

卓越の力を使って指数関数的な成果を短期間で達成した、まさに典型的な「ふつうの」起業家だ。

ゲイリーは、ふつうを絵に描いたような人だ。ニュージャージーで育ち、家業の小さな酒店を手伝っていた。ところが、あるニッチ市場の達人になれるチャンスに気づいた。彼は自分のクライアント（顧客）の多くが高価なワインに興味を持ち、買ってみたいと思っているが、ワインの知識が少ないことがネックになっていることに気づいた。高級ワインはスノッブのためのものだと感じていたのだ。

そこでゲイリーはどうしたか。

彼は、非常に安価なビデオブログ（www.winelibrarytv.com）を始め、毒舌たっぷりだが笑えるワイン解説をした。ゲイリーはこの方式を使って、無視されていた市場（ワイン通ではないふつうにワインを飲む人）のニーズを満たし、彼らを擁護することにより、家族経営の小さな「近所の酒屋」を五〇〇〇万ドル企業に変身させた。

ゲイリーはいまや達人である。一般人向けワインの専門家だ。「コナン・オブライエン・ショー」や「エレン・デジェネレス・ショー」などの人気トーク番組にも多数登場している。実際、それだけ注目されるようになった現在はエージェントもついている。また、いくつかのテレビ局や主要ケーブル局から冠番組のオファーも来ている。

「ふつうの会社」が卓越を目指してもしかたないという人がいたら、このゲイリー・ベイナーチャクの話をしてあげよう。

【ステップ8】クライアントにVIP待遇を味わわせる

ウィリアム・ジェームズ（訳注：アメリカの心理学者・哲学者）曰く、「人間の持つもっとも深い欲求は、人に認められたいという欲求である」。

卓越するということは、コミュニティーのサーバントリーダー（仕える指導者）と見なされることを意味する。達人は、クライアント（顧客）や見込み客に価値の詰まった情報や意見、アドバイスを提供することによって、意図的にコミュニティーを構築する。

賢い達人は、クライアント（顧客）が意識的に避けようとする大々的な広告に貴重な資源を浪費するのではなく、高度な戦略を使って消費者をその市場に関する活発な会話に引き込もうとする。従来の広告はモノローグ以外の何物でもない。もっといえばうるさくてぶしつけだ。卓越のマーケティングは、それとは逆で「対話」なのだ。

クライアント（顧客）はVIPのような扱い、つまり私のいう「ベルベットロープ」（訳注：有名人に人が近寄れないようにするためのロープ）の待遇を受けるべきであり、実際に受けられるということを、市場に仕え、自分の利益よりクライアント（顧客）のニーズを優先することによって示すことが可能だ。

相手を単なるクライアント（顧客）ではなく、重要人物のように厚遇する独自の方法を身につけよう。それが、ベルベットロープを使う心理的効果である。

クラブ通いをした経験のある人なら、特別待遇を受ける人の気持ちがわかるか、想像できるだろう。他の人は何時間も並んで待たされ、入店を許可されることを願い、高いサービス料金を払う。しかし、もしあなたがベルベットロープに歩み寄るや、すぐに有名人かVIPと認められ、一般人の列を通り越してクラブのVIPルームに通されたら、一〇〇万ドルつかんだような気分になるだろう。

それが卓越した会社のクライアント（顧客）が感じなければいけない気分だ。そうした会社はクライアント（顧客）をVIPのように扱い、至高のサービス、待遇、品質でもてなす。そのようなサービスのすばらしい例を紹介しよう。


ブライアンは、「アイシーホット」という関節炎の鎮痛剤を販売する小さな健康関連会社を経営していた。私が初めてブライアンの仕事を受けた当時、会社の売上は、その商品の売上でわずか二万ドル程度だった。しかし、ブライアンを関節炎に悩む大勢の人々の擁護者としてポジショニングし直したおかげで、クライアント（顧客）と信頼関係や親身な関係が生まれ、五〇万人以上が彼の商品を購入するようになった。

私が実施した卓越の戦略は、クライアント（顧客）の間に揺るぎない忠誠心を築くことだった。その戦略はうまくいった。というのも、アイシーホットの初回購入者の八割が年間二回以上リピート購入したからだ。結果として、たった一五カ月で売上高は二万ドルから一三〇〇万ドルになった。その後、彼はその会社を大手医薬品コングロマリットに、なんと一〇億ドルで売却した。

私は、あまり知られていない卓越のブランディングテクニックを使って、ブライアンの「ビジネス用の顔」をつくり上げた。彼は、実際は非常に元気な四〇歳の男だったが、広告では、関節炎の痛みをよく知っていそうな印象を与えるため、ストックフォトから選んだ七〇歳の丸々とした天使顔の男性の写真を使った。広告やダイレクトメールの見出しは、「痛みから救われますように」とした。おそらく自分のために、治療法をすべて研究し尽くした達人が結局行き着いたのが一番古い治療法だったというストーリーだ。

ブライアンは、人々の大きな共感を呼び、クライアント（顧客）から愛情のこもった感謝のファンレターが届くほどだった。彼らは、プライベートクラブのVIPのように、理解され、大事にされていると感じた。一つだけ違ったのは、このクラブは関節炎を煩う人々がメンバーだったということ。ブライアンは、健康関連商品の販売で成功しただけでなく、世界中の関節炎患者のヒーローになった。彼のクライアント（顧客）はただのクライアント（顧客）ではなく、生涯の忠実な友になった。

◉クライアントの生涯価値を考える

少し時間をとって、あなたが理想的だと思うクライアント（顧客）を想像してみてほしい。その人物像を思い描いてみよう。あなたの商品やサービスについて夢中でしゃべる人。あなたから何度も繰り返し買う人。今度は、あなたがそのクライアント（顧客）のために何をするか考えよう。どのような対応をするだろうか。あなたの夢のクライアント（顧客）が毎年いくら儲けさせてくれるかわかっている場合、その人を満足させ続けるためにそのうちのいくらを使う気があるだろうか。

これが、私のいうクライアント（顧客）の「生涯価値」だ。長期的に見てどのクライアント（顧客）にどれくらいの価値があるかわかったら、そのようなクライアント（顧客）を獲得するには、そして、彼らを夢中になるくらい満足させておくには、いくら使うべきか、いや「投資すべきか」がわかるはずだ。あなたの売上は激増し、終身忠実なクライアント（顧客）が大勢得られるだろう。

ベルベットロープのコミュニティーができたら、忠実なクライアント（顧客）をクライアント・エヴァンジェリスト（伝道者・宣伝者）に変えるのはそれほど難しいことではない。

ある調査によれば、今日、消費者が重要な決定を行なうときには、ほとんどの場合、専門家か信用できる友人のアドバイスを求めている。口コミの重要度はますます増している。従来のマーケティングを無視し、代わりに購買アドバイスを求めて社会的ネットワークに頼る。

実際、将来的な売上の増大を示す一番の指標は、事業者が持つ「クライアント・エヴァンジェリスト」の数だ。したがって、あなたの商品やサービスを推薦してくれる人が多いほど、あなたの売上は増大する可能性が高い。

ますます高度で複雑になっていく現代の生活で、人々は、まったく一人で正しい決定をするには時間がかかりすぎると思っている。だからこそ見込み客は、自分の抱えている問題の解決にすすんで力を貸そうとしてくれる人にそれだけの信用を置くのだ。達人たちはこの現実を倫理的な方法で利用し、レバレッジをかけて莫大な成功をつかんでいる。人の想像をはるかに超えるレベルにまで品質、サービス、気遣いの水準を高めることで、然るべき「ワォ！」を誘い、それが口コミを広める。

今のクライアント（顧客）や見込み客だけでなく、そのクライアント（顧客）や見込み客、友人、親類、彼らと接点がある人すべてを助けるさまざまな方法を考えてみよう。プロモーション、おまけ、無料レポート、アドバイス・ホットラインなど、クライアント（顧客）が身のまわりの人を助けるために使えるものを洗い出してみる。「ウイルス」をイメージしよう。どうすれば満足したクライアント（顧客）をあなたの商品やサービス、目的、ビジョンのエヴァンジェリストに変えられるだろうか。

【ステップ9】メンターの力を借りて最速で成功をおさめる

これまで多くの人が、達人道の秘訣を探ろうと試行錯誤を繰り返してきた。しかし、この章で示した「メイベン・マトリックス」を完成させることで、あなたはすでに優位に立っている。

あなたには、あなたの行き先を指南する青写真がある。もちろん、一朝一夕には実現しない。あなた自身やビジネスについて得た洞察で、これからの数年間を、私が紹介した原則やステップを試し、適用させることに費やすこともできる。

しかし幸い、もっと早く簡単に、確実に結果を出せる方法がある。

それは、すでに何百もの卓越した企業の基礎を築いてきた信用のおけるメンターやアドバイザーにこれらのステップの実行を手伝ってもらうことだ。経験豊かなメンターは、あなたのもっとも深いひらめき、あなた個人のもっとも大きな強み、あなたが本能的に楽しむ仕事を利用して早く卓越を達成させてくれる。

業種や専門分野にかかわらず、そこには間違いなく有名な個人や企業が存在する。では、あなたの商品やサービスのプロモーションのために、これらの有名人や会社とパートナーを組む機会を与えられたとしよう。彼らと提携し、アドバイス、ディレクション、短期間の成果、推奨を得たあなたが一瞬にして手に入れるだろうステータスを考えてみよう。仮に彼らがあなたとの提携に同意したとして、あなたはどんな共同プロジェクトを考えるだろうか。それを実現するには、どんな資源が必要だろうか。

大きな成功をおさめた人には必ずメンターがいた。ボブ・ディランにはウディ・ガスリーが、ヴァージン航空のリチャード・ブランソンには、ロンドン―ニューヨーク間初の格安航空会社、レーカー航空をつくったフレディー・レーカーがいた。アマゾンをつくったジェフ・ベゾスには、「フォーチュン」誌が「ウォール街でもっとも興味をそそる不可解な存在」と呼んだヘッジファンドをつくったデビッド・ショーが、ウォーレン・バフェットには、経済学者で、投資の古典『証券分析』の著者、ベンジャミン・グレアムがいた。あなたにメンターがいなくていいわけがない。

経営者が日常的に自分で自分のマーケティング努力にブレーキをかけるという自滅的な言動や自己破壊行為をやめさえすれば、ビジネスは、仕事というより遊びのように楽しいものになる。そして、その楽しみは幾何級数的に増え始める。楽しめば楽しむほど、成功が早くやって来る上、経済的な見返りもより大きなものになる。

エイブラハム流「逆転のマーケティング」の事例

さて、メイベン・マトリックスを実行するとは、どういうことだろうか。

月並みなマーケティングの殻を破った企業の実例をいくつか紹介しよう。

一九九〇年代初頭、私は、ビバリーヒルズにある有名な美容整形外科医に雇われた。当時、彼も近隣の競争相手もマーケティングに関して消極的だった。私は彼を説得して六〇分の販促ビデオを無償で見込み客に配らせた。「ロサンゼルスタイムズ」や「ロサンゼルスマガジン」「コスモポリタン」「ヴォーグ」のロサンゼルス版に無料ビデオのことを知らせる広告を掲載した。センスのいい教育的なインフォマーシャルを使ったマーケティングを行なった美容整形外科医は彼が初めてだった。結果的に彼は一大慣例を築いたことになる。

マーケティングは、キャッシュフロー以外の目的のために使うこともできる。昔、「アントレプレナー」誌を運営しながら、私と共同経営者は、七つのマーケティング業務に並行して携わっていたことがあった。その中の一つは、会員向けニュースレターの会員を募集することだった。ニュースレターのスタッフの主な仕事は、新規小規模ビジネス、ビジネスチャンス、投資市況などについて毎月二〇～三〇ページの調査レポートをまとめることだった。

会報の情報が古くなる月最後の日には、さらに二〇～三〇ページ増やしてさまざまな業界のタイムリーな情報を加え、複数のバージョンをつくり起業マニュアルとして三九ドルで販売した。ニュースレターを発行する事業部の収支はかろうじてトントンだが、更新され続けるこのレポートの売上は年間七〇〇～八〇〇万ドル、そのうちの八〇%近くは純粋な利益だ。つまり、同じ商品を使って購読者を維持しつつ、収入源となるレポートもつくっていたのだ。

マーケティングの力を利用できるかどうかは、あなたが会社のために働く必要がどんどん減るように、会社にどんどん働かせることが起業家の仕事だと思えるかどうかだ。あなたの会社が一生懸命に働けば働くほど、会社が生み出す資産価値も大きくなる。

残念ながら、経営者の多くは、新しいことを試さず、伝統的なマーケティングを続けている。それが実際には自分たちの仕事を困難にしている。彼らは、企業広告タイプの広告（直接的な反応が得られるタイプではなく）を打つか、電話営業をする営業部隊を抱えている。自分の人生の中で見たことのある従来のやり方以外のことをやろうと思わないのだ。次に、それとは対照的な、非常に創造的なマーケティングテクニックの例をいくつか紹介しよう。

ごく最近、歯科医向けに開業医実情調査セミナーを行なった。クライアント（顧客）基盤の構築に成功した開業医たちが使ったさまざまな手法を聞き出すのが狙いだった。中には、広告やイエローページといった古いやり方にとことん固執している人もいたが、何人かは本当に革新的なアイデアを思いついていた。ある歯科医は、学校を巡回して月四〇〇〇人もの子どもたちの前でパペットショーを披露し、それによって新規患者が一〇〇～一五〇人増え、それぞれから平均して年一五〇〇ドルの売上を得ていた。

また別の歯科医は、高校の奨学金基金に寄付をした人に三〇〇ドル相当の歯のホワイトニングを無料で行なうという慈善的な方法を採用した。ホワイトニング治療のコストは五〇ドルだったが、広告やイエローページから新規の顧客を得るには一五〇ドル（つまり三倍）かかると彼は計算していた。ホワイトニングを受けたクライアント（顧客）の多くが年間売上二〇〇〇ドルの患者になり、全体で年間二〇万ドルの儲けをもたらした。それもすべて、単純とも思える非伝統的な方法のおかげだった。

私のクライアントだった別の歯科医は、新しい患者を紹介してくれたクライアント（顧客）に、礼状と一緒に宝くじを送っていた。クライアント（顧客）との関係を築く独創的で安全な方法だ。

顧客や紹介客を生む創造的マーケティングの四つ目の例。ある自動車ディーラーは、車を買ってくれた顧客の仕事先に、ヘリウムガス入りの風船を送り始めた。風船は、広告らしきものが何も印刷されていなかったが、顧客が仕事をしている間ずっと椅子の上で浮かび続ける。同僚たちが誰かの誕生日かと思って聞きにいくと、顧客は待っていましたとばかりに新車のことやディーラーの対応のよさを自慢し始める。これを始めて九カ月後に、紹介客による売上は五〇％伸びていた。

MBAではけっして学べない達人の手法

メイベン・マトリックスに従えば、あなたもこれらの教訓を現実に活かすことができる。これは、あなたのマーケティング戦略に革命をもたらすチャンスだ。発見されるのを待つばかりの可能性がそこにある。

ほとんどの大学が理論だけで、私がここで示しているような実際的な、結果に重きを置くマーケティングを教えていないことは確かだ。私の知識は、現実の資本主義の最前線で、時間やお金を浪費する贅沢を持たなかった起業家たちと直接やり合いながら得たものだ。彼らは、すべてのマーケティング活動をプロフィットセンターにしなければならなかった。わずかな資本で、大きな成果を生み出さなければならなかったのだ。

月並みなマーケティングの日々に別れを告げよう。今、あなたは達人のマーケティングを知っている。そして、メイベン・マトリックスの九つの具体的ステップに戻ればいつでもやり直せる。これらのレッスンをあなたのビジネスに適用すれば、あなたはその報酬をたっぷり手にできるだろう。

あなたのビジネスを行き詰まりから抜け出させるために知っておくべきことがもう一つだけある。それは、「独りではやっていけない」ということ。理由を知りたければ、次の章に進もう。

重要ポイント

- 自分にとっての「マーケティング」を、市場を教育するプロセスとして再定義する。あなたのビジネスが問題を解決し、隙間を埋め、他の誰にもできないやり方で機会や目的を実現することを潜在クライアント（顧客）に知らせる
- ビジネスにおけるマーケティングの第一の目的は、質量ともにもっとも望ましい見込み客を特定し、彼らと接点を持ち、彼らを引きつけること
- 第二の目的は、見込み客を初回購入者に変え、次に複数商品の購入者に昇格させ、彼らが必要（と欲求）を感じるたびに、絶対的最良の買い物をしに戻りたいと思わせること
- 第三の目的は、顧客との関係を質的に向上し、彼らの生活を高めるような新しい収入源を、彼らに対する倫理的な調査を通して発掘すること
- マーケティングを投資だと見なす。その力は絶大で、一貫して一〇〇％以上、ときにはその数倍かそれ以上のＲＯＩを生み出す
- ゴールは設定しなければ到達できない。あなたは何を達成したいのだろうか
- メイベン・マトリックスの九つのステップを辿る。市場の信頼を勝ち取り、キャラクターを確立し、市場のビジョンを打ち立て、自分のストーリーを語り、対極的な立場をとり、独自用語を開発し、独自のコミュニケーションルートを利用し、クライアント（顧客）にＶＩＰ待遇を味わわせ、メンターの力を借りる

即実行

紙に、クライアント（顧客）や見込み客が感じている主な痛みを三つ書きとめる。このリストを目につくところに置く。クライアント（顧客）や見込み客の痛みを感じ、それを明確に言い表せるようになろう。

第10章

破砕策9

ジョイントベンチャーでビジネスを最大限に拡大する

「他者と創造的に協力する能力」こそ時代の要請

本来、起業家がすべきことは、人、資産、資本、努力にレバレッジをかけること、それがすべてのはずだ。つまり、人に欲しいものを手に入れさせることによって、彼らにあなたの欲しいものをすべてあなたに代わって手に入れさせることだ。

ロバート・ハーグローブ（訳注：企業コンサルタント、ビジネスコーチ）が指摘しているように、二一世紀の優れた起業家が持つべき最大の資質は、他者と創造的に協力する能力だ。なぜなら、起業家個人で必要なスキルをすべて身につけることなどけっしてできないからだ。

この章では、自分で何もかもやるといって譲らない「支配欲のかたまり」からあなたを脱却させるのが狙いだ。「誰も信用できない」「自分以外にこの仕事ができる人はいない」という考えを捨てさせたいのだ。そういう姿勢でいたらビジネスは長く続かないし、あなたの望む幾何級数的な成長もけっして実現しない。

レバレッジにはよいものと悪いものがある。

・「よい」レバレッジとは、計算・予測可能なＲＯＩの獲得を目指して、車両や設備を購入したり、

新しい人を雇ったり、新しい施設へ移転したりすること

・「悪い」レバレッジとは、どの程度のＲＯＩを生じるかを考えないまま右のことをし、元がとれることをただ「期待」すること。この場合、元がとれることはめったにない。するとレバレッジは、利益ではなく、債務返済の増加か自己資本の目減りにつながる

よいレバレッジは、過去の顧客をリサイクルし、現在の顧客にもっと買わせ、未踏のマーケティンググルートを提供してくれる。

それでは、よいほうのレバレッジを利用する方法について説明しよう。

プラスのレバレッジを生み出す「パフォーマンス強化」訓練

経営者はこういう。「売上を伸ばしたいから、営業マンをもっと雇わなければ」

しかし、私の見てきた限りでは、企業は新しく雇った営業マン一人に一ドル払うごとに二〇セントも損をしている。明らかに悪いレバレッジだ。営業マンを増やして損失を増やしているのだから。それより、今いるスタッフの数を変えずに、プラスのレバレッジを生み出す「パフォーマンス強化」訓練に投資するほうがいい。そうすれば、同じスタッフがそれまでより五〇～一〇〇％効果的に働いて

くれるようになる。

要するに、前に説明した「最適化」と「イノベーション」の議論だ。思い出してみよう。まずは最適化を試みる。今あるものをもっと活かすことを考える。営業チームにコンサルティング営業を身につけさせる。営業マンの増員を考えていいのは、その後だ。なぜなら、以前より何倍も機能的になった、実証済みの高レバレッジシステムにその新しい営業マンを受け入れることになるからだ。

ほとんどの起業家は、自分が戦略的に考えることのできる位置につこうとしない。しかし、行き詰まりから本当に脱却したいのなら、それをしなければならない。あまりに多くの役割を演じようとして、最大最善の活用の概念からそれている。そして、ほとんどといっていいほど戦術的に、次善最適にしか動けないでいる。

今、自分に不足している領域は何か

技術、販売、マーケティング、経営などそのビジネスのすべての領域において最先端でいることはできない。唯一考えられる成功法は、まず自分に不足している領域を見極め、次に、それぞれの領域にもっとも適した人材を見つけ、たとえば雇用、ジョイントベンチャー、サービスや商品の取引など、その人材を参加させるもっとも実用的な方法を探ることだ。彼らの専門知識、資源、アクセスが組み合わされれば、競争相手に大きく水をあけることができる。報酬をまるまる支払う資金がない場合には、たとえばパーセンテージに基づくボーナスの支給、給与の後払い、トレードやその組み合わせなど、協力的な関係にもっていくこともできる。

私のクライアントだった小規模事業者の多くは、独力でやるしかないと考えていた。しかし、すべてを単独でやろうとするのは、考え得るもっとも自己抑制的な方法だ。私はクライアントにそんな危ない橋を渡らせる代わりに、私自身のリソースを紹介して彼らに足りない領域を補った。たとえば、流通チャネルやマーケティング会社、コンサルティング営業の講師など。

その成果には常に驚かされた。それまでほとんど成長の見られなかった領域で信じられないほどの伸びが見られた。クライアントが資金を持ち合わせていないときには、雇ったリソースの給与を変動制や後払い制にしたり、株式や物納で受け取るなどして対処した。率直にいって、クライアントも、そして私も、資金不足のせいで踏みとどまることはなかった。

ジョイントベンチャーを始める際の三つの注意点

ジョイントベンチャーをもちかける相手と初めて会うときは、仮定的な立場をとる。知識武装して臨む。ただし、保証できないことを約束してはいけない。

相手のところへ行き、こんなふうにいったとする。

「御社が得意な部分はよくわかっていますが、広告はされていないですよね。営業部隊もお持ちじゃないでしょう。それをすべてご用意してさしあげることができます。弊社には、御社が進出されていない領域や市場に入り込むための流通チャネルが五つあります。小さな会社ですが大きな成果を出しますよ。セットアップはお任せいただいて、うまく動き出したら利益を折半しましょう。もちろん、利益が出てからの話です。このベンチャーの相手として、御社の他にもう三社候補が挙がっています。おそらく御社と競合関係にある会社です。が、弊社としては御社を一番に考えております。というのも、製品品質が高く、一番高値で、数も多く売れると思うからです。弊社と手を組みませんか。それとも、よそへ行ったほうがいいでしょうか」

このようなオファーを断れる人がいるだろうか。

しかし、もしも相手が乗り気でないことに気づいたら（特に、初回はそうなる可能性がある）、倍の努力をする。拒絶されたときの対処法は、「共感」すること。逆に誰かがあなたにジョイントベンチャーをもちかけ、次のようにフォローアップしたとしよう。

「もし逆の立場で、知らない相手からその提案をもちかけられたら、どんなに魅力的な内容でも、やはり躊躇すると思います。『何か落とし穴があるのでは』『自分の知らないことを知っているのではないか』と考えると思います。でもよく考えてみると、相手は確かに自分の知らないことを知っているんですよ。私が入りたくても入れない市場にアプローチし、私が独りでやる場合よりも収入や利益を劇的に増やす方法を知っているんです」

そして最後に、交渉成立に漕ぎつけるためには、リスクを取り除くこと。あなたが負うべき管理責任を書面にまとめる。具体的に述べ、そして相手が考えつかないようなことをオファーする。これによって、あなたが自分の本分をわきまえていることを証明でき、相手は安心してあなたに舵とりを任せられる。

ジョイントベンチャーを考えるときに、避けるべき点が三つある。

第一に（もっとも一般的に見られるもの）は、理論にこだわりすぎることだ。経済理論の中にはジョイントベンチャーに関するものもたくさんあるが、経験に勝るものはない。私はこれまで文字通り何千という人にこのアプローチを教えてきたが、実行した人は、私の知る限りほんの一握りだ。

ジョイントベンチャーで得られる理論上の見返りを知ったところで、試しにやってみなければ意味がない。

第二に避けるべき点として、あまり大きく始めすぎないこと。最初から大手の会社にアプローチして成功する確率は低いだろうが、小さなジョイントベンチャーを並行していくつか行なうことで、莫大な利益を生み出せる可能性がある。

第三に、怖じ気づかないこと。最初は失敗に終わるかもしれないが、その恥ずかしさに負けないこと。意味のあることがはじめからすんなりとうまくいく確率は低い、そうは思わないだろうか。実際、起こり得る最悪のケースは、提案が拒絶されることだが、それであなたが何かを失うわけではない。

ジョイントベンチャーほど早く、安全で、柔軟性のある手段はない。国内、海外のどこでもできる。

相手と直接会っても、電話でも、ファクスでも、メールでもできる。考えてもみてほしい。もしあなたが経済的優位を得たことのないクライアント（顧客）にそれを与えることができたとしたら、しかも仕事をするのはすべてあなたなのに、クライアント（顧客）は年に、四半期ごとに、週に一万、二万、三万、五万ドルの利益を得られるとしたら、何人がそのチャンスを断るだろうか。

ビジネスという冒険を楽しもう

チャンスをつくるにはまず「独力でやる」という発想から抜け出し、恐れを乗り越えてビジネスという冒険を楽しむことが必要だ。あなたに足りないものを持っている人（そして、あなたが持っているビジョン、明晰さ、実行計画などを必要とする人）が必ずいるとわかれば、二度とその恐れを感じることはないだろう。悪夢と同じでいずれ消え去り、あなたはかつてないほどビジネス拡大に向けて邁進するだろう。

しかし、それを信じ、思い切って不安を乗り越えなければ、あなたをより大きな繁栄へと導いてくれる可能性を見つけることはできない。一例を紹介しよう。

文化センターの全国チェーンを展開していたあるクライアントは、広告の承認から品質管理チェック、新しく入った講師の訓練まで、何でも自分でやりたがる人だった。私は、完全に彼のコントロール下にあった従来型のマーケティングをやめ、代わりに人を雇ってジョイントベンチャーの可能性を探るよう彼にアドバイスした。彼は嫌々ながらそれを実行した。雇われた女性は年俸として六万ドルとわずかな利益配分を受け取った。

結果はどうだったか。彼女が最初の年に二〇件のジョイントベンチャーを起こしたおかげで、同社は新規ビジネスで一〇〇万ドル以上儲けた。

恐れを乗り越えるために必要な最初のメンタルステップは、認識だ。あなたに欠けている要素（つまり、あなたの制約）を認識し、そしてその要素がいくらでも手に入り、自由に使えることを認識することだ。あなたが必要としているのは営業戦力かもしれないし、研究開発チーム、品揃え、倉庫スペースかもしれない。なかなか抽象論から抜け出せない起業家は多い。

あなたのニーズを言葉にすることが重要だ。なぜならそれによって具体的な目標を立て、あらゆる選択肢や機会を検討し、その目標を早く安全に達成することができるからだ。

次に、解決策を細かく分解する。ここが起業家のもっとも行き詰まる領域なので、もっとも一般的な「行き詰まり」シナリオを見てみよう。

「行き詰まり」に効くジョイントベンチャー

【効果1】優秀なコピーライターを雇いたいが、すぐに報酬を払えないとき

こうした場合には、契約によって、コピーを使用する限り、制作されたコピーの具体的成果に対して報酬を支払い続けるという手がある。つまり、コピーライターは通常のコピー料金二〇〇〇ドルを受け取るのではなく、即時金はゼロだが、この先何カ月も何年も制限なく収入を得る可能性を得ることになる。長期的に見れば、コピーライターの取り分は、通常即時金で受け取る額の一〇倍にも膨らむ可能性がある。

【効果2】営業戦力を雇う余裕がないとき

この場合、以下のような方法が考えられる。あなたの商品やサービスの販売を請け負う独立営業マンを見つける。または、競合関係にない営業力のある同業他社とジョイントベンチャーを組む。または、営業部隊の資金を援助してくれる投資家を見つけ、テスト運用をして投資家のリスクを最小化する、つまり最初は営業マンを一人だけ雇い、営業チームの存在が大きな見返りを生むことを実証する。

【効果3】流通手段を持っていないとき

この場合には、持っている相手を見つけ、その資源を利用させてもらう結果として生じる利益の分け前を永久に保証する、ともちかける。または、サービスがあまり活用されていない人を見つけ、その人の余剰人員、余剰流通能力を取引単位で買い取る約束をする。そうすれば、利益が出るときだけお金を支払うことになる。つまり、常にプロフィットセンターであり、けっして持ち出しにはならないのだ。

【効果4】新商品の在庫をフルに持つ資金がないとき

この場合、最初にテスト販売して販売率を見極め、収益を控えめに予測してから投資家にアプローチし、あなたが投資しようとしている商品への資金提供を依頼する。もう一つの方法は、同じ商品が倉庫で埃をかぶっているメーカーを見つけ、売れた分だけ利益を分配するともちかける。

第5章に登場したパトリック・フラナガンを覚えているだろうか。大手企業には小規模すぎて売れなかった電話システムを売り、数百万ドルの会社を築いた。彼はたっぷり儲けてメーカーと利益を折半したため、その取引の関与者すべてがハッピーになった。

起業家がレバレッジに対して抱く恐れの一つの要因は、誰と組めばいいのかわからない、ということで、それはもっともなことだと思う。しかし、最初に自分の本当のニーズをはっきりさせておけば、相手はかなり絞り込める。自分のニーズがわかったら、誰がそのニーズに応える力を持っているかを見極めればいいのだ。

パートナー候補を何社か選び、それぞれの業界でのポジション順にランク付けする。市場で一番トップの会社があなたとの取引に関心を示す確率は非常に低い。しかし、リストの真ん中あたりの会社では、その確率はぐんと高くなる。

というのも、そうした会社は資源不足だと思い込み、成長を望みながらその方法を見つけられないでいるからだ。こうした中レベルの会社に欠けているものは何か、そして彼らの問題と自分の問題を同時に解決できる方法を見極める。解決策を携えてアプローチすれば、必ずいい返事が返ってくるだろう。ただし、お返しとして相手の望むものを与えられることが条件だ。将来的パートナーのニーズを発掘するのは、簡単にマスターできる技術ではないが、一度マスターすれば予想を超える成果が待っている。次に紹介する例は、第2章で取り上げた話の続きにあたる。

クルーガーランド金貨の発行元に私のクライアントのマーケティング費用を全額負担させた話を覚えているだろうか。クライアントは金銀を扱う仲買業者だった。私は同社に、一度きりの売上にしか結びつかない戦術的ビジネス手法を捨てさせ、既存クライアント（顧客）と長期的な関係を築き、彼らの信頼が深まるにつれ一度の販売額が徐々に増えていくという戦略を打ち立てた。それは詰まるところ、より高額なクルーガーランド金貨を買わせるということだ。

私はこれを、クライアントの仕入れ元である、クルーガーランド金貨の発行元に対するレバレッジポイントとして利用した。具体的には、クライアントのマーケティング費用を負担させた。

なぜなら、発行元にとっての問題は明らかだからだ。彼らは、クルーガーランド金貨をもっと売りたいのだ。それが彼らの究極のゴールだ。だから、現実的な策をもちかけるだけでよかった。すでに広告を使った小規模なテストで実証済みの、私にしか提供できない策を。発行元は喜んで費用を負担し、そのおかげでクライアントだけでなく発行元の売上も増加した。

競合するチャネルを活用することもできる

ジョイントベンチャーには数多くの利点がある。スケール、範囲、スピードなどで優位に立てることはいうまでもなく、他者の基盤を利用することができる。他者の影響範囲や豊かな知的資本を利用することができる。そして、他者の対応力を利用することができる。それは、個人事業者や中小企業オーナーにはできないことだ。

いまや市場で独占的地位にある人や、すでに市場を確立した人、あなたの見込み客の信頼を獲得している人と提携しているあなたは、地域、国内、国際市場における競争力を強化することもできる。

ジョイントベンチャーは、商品開発力を高める機会も与えてくれる。あなたが会社の唯一の創造力として重圧を背負う必要はない。わずかな利益の中から、無理に研究開発費用を絞り出し、将来に向けたブレイクスルーを生み出そうとする必要もない。今なら、それをすでにやってのけ、その使い道がわからない人を見つけるだけでいい。そうしたすばらしいアイデアをあなたの流通にのせればいいのだ。あなたは突如として計り知れない柔軟性を手に入れる。2ウェイバルブ（二方弁）が与えられたのだ。

その新しく取り付けられた2ウェイバルブで、商品を自由自在に異なる流通チャネルにのせることができる。たとえば、出版社、競合関係にない補完的な商品やサービスの提供者、業界外、商品の新規用途など。勇気さえあれば競合するチャネルを利用してもいい。どういうことか説明しよう。

以前、光熱費の節約や不動産に関わる節税のスペシャリストになるための講座を販売する会社とパートナーを組んだことがあった。同社には毎年何万件もの問い合わせがあったが、そのうちの一〇〇〇人ほどに一万ドルと二万ドルのコースを販売しただけだった。問い合わせをした人の九五％が結局申し込まなかった。が、何らかの技能を取得したいと考えていた。そうしたニーズとこの会社の講座で得られる技能がマッチしていなかったのだ。

そこで同社に、申し込まなかった人全員に、マーケティングコンサルタント講座を紹介する手紙（私が書き、費用も負担した）を送らせた。この講座を追加したことで売上は一〇〇〇万ドルになった。

自分の会社以外の商品も使えるとわかれば、新しいビジネスを自由に創造できる。人の流通や商品をコントロールできるようになる。二つの異業種の橋渡しをすれば、すぐにも三者揃ってビジネスを拡大できる。たとえば、プロセスのライセンシングは金脈になる。すばらしい例を紹介しよう。

材木置き場を経営するジョージという男性がいた。彼は製材所を所有し、そこで丸太を切り、加工処理した板材を販売していた。このプロセスを通してカギ（もっとも重要な機能）となるのは、キルン乾燥だ。失敗すればAランク級の材木も不合格品になってしまう。気を抜けば材木が台無しになるだけでなく、週に何万ドルものガスや電気などのエネルギーが無駄になる。とにかく大変なことになる。しかし、上手にやればお金も節約できるし、製材が高く売れる。

ジョージの腕は確かだった。彼は出来に非常にこだわり、その辺りでは一番の腕の持ち主だった。唯一の問題は、製材というビジネス柄、狙える市場が地理的に限られていた。材木は非常に重量があるため、五〇〇〇キロ離れた相手に文字通り「ただ」であげようと思っても、莫大な輸送費がかかってしまい、まったく割に合わない。現実的に考えれば、市場はせいぜい半径八〇〇〜一〇〇〇キロ圏内に制限される。

ジョージが私のセミナーに参加したとき、私は、彼のキルン乾燥の技術を半径一〇〇〇キロ圏外のできるだけ多数の、世界中の製材会社にライセンス供与するようアドバイスした。彼は、すでに自分のビジネスを潤わせていた「プロセス」をライセンス供与しただけで、瞬く間に年間二〇〇万ドルの収入を得るようになった。

有形と無形。両方の資産をコントロール可能

また別の例もある。

クライアントにクリーニング屋がいた。彼は私のセミナーで学んだことを活かし、驚くべきマーケティングを展開してクリーニング店を発展させた。店はまもなくシカゴに三店舗できたが、彼はそれ以上、手を広げるつもりはなかった。優れた専門サービスなど前例のないマーケティング手法で業界平均の約三倍の収入を稼いでおり、それで十分だと思っていた。お金よりも時間を大切にしていた彼は、それ以上ビジネスを拡大して負担を増やしたくなかった。

私はそれもいいと思ったが、店舗を増やさなくてもいいから、別の方法で収入を増やさない手はないと彼にいった。そして、その驚くほど実入りのいいマーケティング手法を、競合関係にない、シカゴ以外のクリーニング店にライセンス供与する方法を教えた。今では、三〇〇〇のクリーニング店から広告手法の使用料として、月一〇〇ドルの支払いを受けている。しかもいまやクリーニング界の達人である。

このクリーニング屋の話は、まさに資産には有形と無形の二種類があることを思い出させてくれる。次の例が示すように、ジョイントベンチャーならその両方をコントロールすることが可能だ。

あるクライアントは、大きなテレマーケティングルーム（コールセンター）を持つ企業が高い販売率を持つ傾向にあることに気づいた。そうした企業の中には、企業相手のビジネス、つまり日中にマーケティングを行なっているところがある。一方、消費者相手の企業は、通常三時から九時の間にテレマーケティングを行なう。

私のクライアントは、莫大なお金が投じられているにもかかわらず、三時以降は空き部屋になってしまうB to Bのコールセンターを見つけた。彼は、そうした部屋を出来高払い、つまり収益の一部で賃借した。そして、会社を辞めて独立したがっている消費者相手の営業マンにアプローチした。クライアントは、コールセンターを所有する会社とそのスペースを必要とした独立営業マンの橋渡しをしただけで、その報酬として営業マンの新会社の株式と収入の一部を受け取った。金になる組み合わせを見つけたおかげだった。

自分の力や金だけではできないことがたくさんある。しかし、それをジョイントベンチャーにし、収益に応じた支払いをするようにすれば、それはもはやコストではなくなる。むしろ、収入源であり、プロフィットセンター。まったく別のものに変身する。

その結果としてのあなたのビジネスも大きく変身するのだ。

最適化の理論をジョイントベンチャーに応用する

最適化の理論をレバレッジングに適用する例をここで紹介しよう。

何年か前に、非常に高額なエンタープライズソフトを販売する会社の仕事をしたことがあった。同社は、ありとあらゆる業界誌に広告を打ち、見込み客を大勢獲得したが、実際に購入したのはそのうちの数人だけだった。私は同社にこういった。

「広告に反応した人たちは、単なる冷やかしじゃないですよ。エンタープライズソフトの購入を考えていることは確かです。ただ二〇万〜二五万ドルもかけたくないんでしょう。価格も機能も高級すぎます」

そしてある提案をした。どこか別の（初心者レベルのソフトを扱う）メーカーのライセンスを取得し、高いソフトを買わなかった人に提供するようすすめたのだ。彼らはその通りにした。ソフト会社に五％のロイヤルティーを払い、自分たちが直接売っていた顧客よりも、売っていない顧客から三倍の儲けを得ることができた。これは、レバレッジングの最高のケーススタディである。クライアントは、ソフトを開発する必要も買い取る必要もなく、ロイヤルティーを払ってソフト会社にそのまま売らせ続けたおかげで、自社だけでやっていた頃の三倍もの利益を手にした。

もう一つ例を挙げよう。

ビバリーヒルズの美容整形外科医の話。第9章の終わりに紹介した、この業界におけるインフォマーシャルの先駆者だ。この外科医は、猫もしゃくしも美容整形を宣伝していることに気づいた。そこで、自分を信用のおける卓越した医者として位置づけるために、美容整形をテーマにした本を書くことにした。常に顧客転換できるわけではない広告にお金をかけるよりも、販促本をつくれば、本が売れると同時に費用を回収できる。実際にそうなり、もちろん見込み客も獲得した。

しかし、その本をどうやって一般の人々の手に渡らせるつもりだったのだろうか。彼がレバレッジの方法を探り始めたのはこのときだ。彼は、他の美容サービスを提供しているところへ行けば、美容整形の潜在患者が見つかると考えた。そこで、一人の非常に魅力的な女性を雇い、ビバリーヒルズとその隣接都市で美容サービスを提供しているお店のあるエリアを調べた。雇われたセールスウーマンは、高級美容院や高級ネイルショップ、高級エステなど、お客がそこで三〇分から一時間過ごすようなお店を選び、受付に本を置かせてもらった。

外科医が事前にぬかりなく行なった試算によれば、一〇の美容関連施設で週に五〇〇〇人がこの本を読めば、新規患者が来るはずだった。そして実際そうなった。あなたにこれと同じことが起こってもけっして不思議ではない。

ビジネスがまったく新たな高みに導かれる

他の会社やグループ、個人の才能や資源にレバレッジをかけることで生み出される莫大な可能性について、十分に理解したことと思う。情熱的でユニークな人々と力を合わせることにより、あなたのビジネスはまったく新たな高みへ導かれる。孤立し、一人で行き詰まるよりはるかにいい選択肢だ。

ここで、ジョイントベンチャーによってもたらされる主なベネフィットについて、おさらいしておこう。この無類のチャンスを利用しない手はない。やる気を起こして今すぐ行動に出よう。

以下に、ダイナミックな戦略的提携がどのようにあなたのビジネスに革命を起こすのか、その感動的な利点の数々を紹介しよう。

【提携の利点1】売上を伸ばし、収益性を大幅に高める

現在、一つないし二つのマーケティング活動・領域だけでリニア（直線的）に展開している人も、

生計は十分に立てられているかもしれない。しかし、「どうにかやっていける」程度では、景気が悪くなったときに困る。

ジョイントベンチャーや、戦略的提携、推奨、ホスト・受益者取引（訳注：前著『ハイパワー・マーケティング』参照）を通じてなら、二〇の新しい流通チャネル、一〇の新しい市場を開拓し、ビジネスを五倍、一〇倍、いや二〇倍に広げることも夢ではない。そして、もしそれだけの量をこなすことができないなら、生産力はあるが販売力のない誰かとジョイントベンチャーを組めばいい。創造性を発揮すれば、あなたの手に負えない問題、ニーズ、資産、スキル、課題など想像すらできない。

仮に、初めて法律関連市場を狙おうとしているとしよう。

弁護士に片っ端から売り込み電話をかけることもできるが、弁護士相手に商品やサービスやアドバイスを売り、弁護士からの信用も厚い成功した会社を見つけることもできる。たとえば競争力はなくとも、二〇年間、人脈と評判を地道に培ってきた会社。この会社にアプローチして、あなたの商品やサービスをその流通チャネルにのせてもらう。

第9章で簡単に触れた「生涯価値」は、あるタイプの購買客、クライアント、顧客、患者がもたらす継続的、累積的利益の総量をいう。異なる種類の購買客、ソースの異なる購買客はそれぞれあなたにとって特定の経済的価値がある。そこには、その購買客の初回購入だけでなく、それ以降の購入から発生する価値が含まれる。その金額がいくらかわかっていれば、それを得るために必要なだけ気兼ねなく余裕を持って投資することができる。一例を挙げよう。

第9章で、アイシーホットを使ってブライアンを達人にした話を紹介した。今回は、ブライアンが成功したもう一つの秘訣をお教えしよう。

彼は、当初二万ドルしかなかった会社の売上を一五カ月後には一三〇〇万ドルにまで増やした。それは、ラジオ局、テレビ局、出版社とのジョイントベンチャーにより、広告費を一切かけずに済んだからだった。メディア各社に商品を三ドルで販売させ、その売上を彼らに帰属させた。言い換えれば、ブライアンは、メディアの販売成果に対してのみ支払いをしていた。

周囲からは変な目で見られたが、ブライアンと私は、事前に行なうべき試算は行なっており、購買客の二人に一人が二カ月に一度、永続的に買い続けることがわかっていた。そして、リピーターは他の商品も買ってくれる。一人のリピーターがもたらす年間利益は三〇ドルでそれが生涯続く。そのため、ブライアンが六ドル支払う（三ドルの商品を二回売る）たびに最初の年に三〇ドル、二年目以降毎年三〇ドルがコストゼロで入ってくる。それこそすばらしい生涯価値というものだ。

【提携の利点2】クライアントに付加価値が提供できる

他社と力を合わせると、お互いの商品やサービスを提供することができるため、クライアント（顧客）は、あなただけから購入する場合よりも多くのベネフィットを持つことになる。一例を挙げよう。

ある格闘技クラブのオーナーは、特定の小売業者向けに、店で買い物をしたクライアント（顧客）に進呈できる無料体験チケットをつくることを思いついた。一回のフリーレッスン（よくあるパターン）ではなく、六カ月間無料でレッスンを受けられ（五〇〇ドル相当）、クライアント（顧客）にとっては非常に価値のあるチケットだ。そのため、小売業者も「当店で二〇〇ドルの買い物をした方に、格闘技クラブのチケット五〇〇ドル分さしあげます」ということができる。

チケットを使いにきた人の四人に一人が会費二〇〇〇ドルの会員になった。小売業者は、クライアント（顧客）に付加価値を与えられるから喜び、格闘技クラブのオーナーはその協力関係によって驚くほどのリピート売上を獲得して喜び、クライアント（顧客）は払ったお金以上の価値を得て喜んだ。

【提携の利点3】新興成長市場への参入で他社を出し抜ける

仮にあなたはまったくなじみのない市場に参入し、先駆者になろうとしているとする。そのためにあなたがすべきことはただ一つ、すでに参入しているが必ずしも最先端ではない会社を見つけることだ。

たとえば、あなたはパン屋にとって画期的ともいえるソフトウェアを持っているが、パン屋について何も知らないとしよう。

最先端ソフトを売るために、最先端のパン屋を探す必要はない。パン屋に資材を供給する会社、パン屋の相談に乗るコンサルティング会社、パン屋の設備機器会社を見つけ、ジョイントベンチャーを組む。それが、新興成長市場に参入しようとしている他社を一挙に出し抜く方法だ。

とりわけエキサイティングなのは、国際市場への足掛かりを得られることだ。私は、次の事例を非常に誇りに感じている。

アメリカでインフォマーシャルが使われ始めたばかりの頃、オーストラリアでセミナーを開催した。これは、人のお金とリスクと成功を利用した古典的なケースである。

私があるオーストラリア人ダイレクトレスポンス・セールスマンに教えた金儲けの方法は、今思えば驚くほど単純に聞こえるから、読者諸氏は一人残らず自分がその立場だったらよかったのに、と思うにちがいない。

インフォマーシャルをつくるにはお金がかかり、リスクが高い。視聴者が商品を買うかどうか、事前にはわからないからだ。しかし、一度成功すると、その成功の波に長い間乗ることができる。アメリカには売れるインフォマーシャルを持っている制作会社があるが、海外市場に販路を持っている会社はない。

ここで私のオーストラリア人クライアントが登場する。

私は彼に、アメリカのインフォマーシャル制作会社にアプローチし、彼らが市場をアメリカ国内に限定していること、オーストラリアには、彼らの商品を買いたいと思っている人が大勢いることを丁重に指摘するよう提案した。そして、オーストラリアとニュージーランドでのインフォマーシャル放映権の取得法も教えた。

彼は、制作費四〇万ドルのインフォマーシャルの使用権を手に入れた。条件は、その地域での商品売上から得た利益を一部支払うだけ。アメリカですでに制作され、成功が実証されたインフォマーシャル数十件を使用できたおかげで、クライアントは年間二〇〇〇万ドル稼いだ。商品やインフォマーシャルを制作するリスクを一切負わずに済んだ。午前三時のテレビ番組枠を買うだけでよかった。誰もが得する取引となった。

アメリカの制作会社は指一本動かさずに新しい市場を手に入れ、私のクライアントは非常に裕福になった。それも誰かと手を組むことに前向きになったおかげだった。

誰かとパートナーを組めば、あなたの行ける場所は無限に広がるが、それだけでなく、あなたには基盤も資金も必要ないのだ。なぜか。それは、ジョイントベンチャーを通して何にでもアクセスできるからだ。相手に、あなたが必要としているものを提供すれば大きな見返りが得られると納得させることができさえすれば、どんなものでもあなたの自由にすることができる。

【提携の利点4】他社の市場をコントロールできる

ジョイントベンチャーを行なうことで新しい市場に進出するだけでなく、人の市場をコントロールできるようにもなる。その仕組みをお見せしよう。

昔、まだインターネットが開発される前は、業界特有のアドバイザーレターやニュースレターが市場との主なコミュニケーション手段だった。私は、ある特定の市場セグメントにアクセスするにはニュースレターが一番だと気づき、人のニュースレターに折り込み広告を入れる権利を取りつけ始めた。その費用は固定ではなく、出来高払いとした。

ニュースレターの発行元に初めて持ち込んだ折り込み権利タイアップのオファーは、私には一銭の負担もかからないものだった。「チラシはおたくの印刷業者で印刷します。私宛てに請求書を送ってください」と私はいった。発行者側の請求は九〇日遅れだったので、私には、九〇日間支払わなくてもいい三万ドル相当の請求があった。私は最初の折り込みチラシで、それよりずっと前に五〇万ドル稼いでいた。折り込み権利の所有者である発行元には一五万ドル返さなければならなかったが、本来の権利の価値からいえば、ほんのわずかにすぎない。革新的・創造的に考えたおかげで、彼の最大の資産を利用することができたのだ。

【提携の利点5】コストが分配できる

仮にあなたが新しい市場に何としても進出したいと思っているが、それには営業マンが必要だとする。営業マンは、一〇万ドルの報酬を希望しているが、あなたにそのお金はない。

それなら、同じ市場を狙っている人（競合関係にない）を三〜四人見つけ、全員でコストを共有し、販売流通サイクルを築けばいい。

市場へのアクセスがあり、市場で自分だけが人から直接的、または明白、または暗黙の推薦を受けている場合、次の三つのことが起こる。

①販売サイクルが短くなる
②アクセスコストが小さくなる
③反応率が向上する

つまり、売れる量とスピードが増し、コストが減るということであり、推薦者やジョイントベンチャーの相手にその売上の一部を支払ったとしても、もっと儲かるということだ。

これが、生涯価値という概念が持つ力だ。たとえ初回販売で気前よく分け前を支払ったとしても、それ以降の販売から生じる利益をすべて自分のものにすれば大儲けできる。

【提携の利点6】完全なる柔軟経営の実現

私の会社は、常に五〇ほどの異なる商品やサービスを少なくとも三つの大陸で同時に管理している。そして社員は八人しかいない。もし自分たちで何もかもやろうとしたら、何千万ドルとかかるだろう。それにはスタッフも専門家も必要だ。

私たちはどんな人材が必要になっても、成果ベース、収益ベースで喜んで協力してくれるパートナーを見つけ、ジョイントベンチャーを組む。最初に声を掛けた相手に断られたら、「なぜ？」と理由を聞く。ときには私が想像もしなかった答えが返ってくることもある。そこで、その問題を先回りして克服する方法を考える。すると、二人目か三人目に声を掛けた相手が手を結んでくれる。

自分より弱い競争相手がいる場合、その相手がいなくなるのを待つよりも、ジョイントベンチャー型の買収を試みる。顧客を譲渡すれば大きな見返りがあることを納得させる。相手の間接費を減らす手伝いをし、事務所を開放させ、代わりに収益の一部を継続的に提供する。両者にとってそうするのがベストだが、そうした革新的、共感的な結論に達するためには、あなた自身の発想の転換が必要だ。ジョイントベンチャーの考え方を理解すれば、柔軟な思考を手に入れ、そこに辿り着くことができるはずだ。

【提携の利点7】リスク軽減

ロサンゼルスにいるあなたは、ニューヨークにオフィスを開きたいと思っている。すばらしい考えだが、それにはオフィスを借りなければならず、いい物件なら三～五年契約を見込まなければならない。そして内装を施し、従業員を雇い、教育し、備品を買わなければならない。お金がたくさんあるなら問題ないが、そうでないとしたら問題だ。

しかし、そこにオーナーが困窮している会社があったらどうだろう。チャンスや人的ネットワークや過去の顧客を十分に活かしきっていない会社が。そのオーナーと、変動報酬制の段階的な契約を交わしたとする。これでニューヨークに移転する手段が見つかった。しかしそれだけではない。アトランタ、シドニー、東京、トロントにも行ける。それに損失のリスクもほとんどない。うまくいかなかったら、解消するか調整すればいい。

もちろん、思ったほど儲からずに失敗することもある。私自身の経験から一例を紹介しよう。

かつて、インフォマーシャルの制作会社の仕事を受けたことがあった。同社は数多くのインフォマーシャルを扱い、依頼主と収益を折半する形をとっていた。およそ半数の契約は、採算がとれないと見てとるや依頼主に打ち切られていた。

同社に呼ばれ、そこで起こっていることを一通り見て回った私は、同社のパートナーシップの多くがバックエンド型の取引であることに気づいた。つまり、依頼主企業は、一度商品やサービスを購入した顧客から、その後も継続的な収益を得ていたのだ。そこで私はインフォマーシャルの制作会社にこういった。「はじめは収支がトントンにしかならなくても、リピート購入で利益が出ることを依頼主にわからせるような契約に変えましょう」

言い換えれば、失敗した契約で採算性を取り戻す。私たちはすぐに五つの契約を取りつけ直すと、かつて関係を切ったはずの依頼主がバックエンドで急に大きな利益を上げた。

前にも述べたがもう一度いおう。すべてはあなたの考え方次第なのだ。

【提携の利点8】社外の専門知識へのアクセス

いいコンサルタントは、本当に中小規模事業者の役に立てる。しかし、その必要を感じている事業者には、ほとんどコンサルタントを雇うだけの余裕がない。

もし、欲しいだけ専門家を持つことができたらどうだろうか。これを現実にする三つの方法がある。彼らの専門知識に対してお金を支払う代わりに、彼らの報酬を次のものに換算する手がある。

①あなたの成果の一部
②あなたの会社の株式
③あなたが獲得する特定の種類のクライアント（顧客）または売上の所有権

私はこれまでに、評判の高い複数の専門家を見つけて諮問委員会を構成し、彼らとジョイントベンチャーを組むというのをやったこともある。目当てだった彼らの推奨を受けた私のクライアントは、卓越と競合優位を得ることができた。そしてもちろん、諮問委員会は、新たに生じた売上の一部を手にした。この戦略によって利益率は三〜四倍にもなった。

【提携の利点9】業界知識を強化し、取扱商品を拡充する

私は、カイロプラクティック業界で五つのジョイントベンチャーを行なってきた。相手は雑誌三誌と最先端の技術者、有力なカイロプラクティック会社だった。

だから今私がカイロプラクターに自己紹介の手紙を送ったとしたら、彼らは私が残した五つの異なる影響点を通して私を見るにちがいない。私の信頼性、名声、才能、相対的価値はすでに確立している。なぜなら、私がこれまでに築いてきた人脈や、その人脈の努力の積み重ねがすべてを物語ってくれるからだ。

また、品揃えをどう増やすかという問題もある。仮にあなたの会社には、一つか二つしか売る商品がないとしよう。補完的な関連商品や周辺商品、あるいは、あなたがすでに売っているものより進んでいるか拡張されている商品を見つけて販売し、利益を分配する。あなたが必要としているのと同じように、あなたを必要としている、取り扱いサービスや商品の数が限られた、あらゆる種類の会社、サービス業者、出版社、協会などがある。その関係を利用し尽くしたからといって、それで関係を終わりにする必要はない。

【提携の利点10】新たな資産を獲得できる

あなたにはキラー商品があるが、それをどうマーケティングし、販売するかわかっていないとする。そこで、わかっている人を見つけ、ジョイントベンチャーを組む。その逆も然りだ。あなたはマーケティングや販売をわかっているが、売る商品やサービスがないとする。どうすべきか、もうおわかりだろう。こんないい話がある。

私のプログラムに、エアロビスーツを売る会社の経営陣が参加したことがあった。その会社は、ワークアウトする人が気に入るような本当に格好いい服を売っていた。しかし、彼らには商品が二、三種類しかなく、だんだん売れ行きが悪くなってきたため、ブレイクスルーを求めて私のセミナーに参加したのだった。いくつか質問をしてみると、取扱店は五〇〇〇～六〇〇〇店あるという。こうなる前はKマートにも卸していたらしい。同社は有名な靴下メーカーを傘下に持ち、そこは七〇〇店舗と取引があった。ノードストロムもその一つだった。

経営陣は苛立ちを感じながらも、創造的な手を打っていなかった。この二、三種類の商品を開発して終わりだった。そこで私はいった。

「あなた方の最大の資産は、商品ではなく、流通と、バイヤーとのつながりです。それを利用すれば非常に有利なビジネスができます。シカゴやLA、サウスビーチ、ニューヨークといったおしゃれな街へ出かけてごらんなさい。スポーツクラブを回って売店をのぞいてみれば、そこには必ず誰かがデザインしたテニスシューズやスウェットシャツ、ヘッドバンドが売られているでしょう。彼らはスポーツクラブでしか商品を売っていません。そういうクリエイターを見つけてロイヤルティー契約を結び、商品をよそで売るんです」

経営陣は、すぐにストレートに解釈してこう答えた。「われわれは流通業者になりたくありません」。

私はいった。「なる必要はありませんよ。デザイナーたちがスポーツクラブで売った分の売上はデザイナー自身がキープし、それ以外の場所での販売について、売上の五%をロイヤルティーとして彼らに払うようにすればいいんです」

こうして経営陣は、一〇件のすばらしいジョイントベンチャーを組むことになった。それも心構え、パワー、レバレッジ、コントロール、そして無形の価値を理解したおかげにすぎなかった。

【提携の利点11】コアビジネスに専念しながら拡大可能

『トム・ソーヤの冒険』で塀のペンキ塗りをしなければならなかったトムが他の子どもたちに仕事を全部やらせ、自分はその間パイプを吸ってくつろいでいたのを覚えているだろうか。

他の人が莫大な時間、お金、労力、そして信用を使って確立したあらゆる種類の資産、流通、アクセスを最大限に利用する能力が持てたら、あとはどんなものが存在しそれにどんな価値があり、それをどう利用し、そのアイデアを将来のパートナーにどう伝えるかがわかればそれを機能的にコントロールすることが可能になる。

足りないものも、人の資源とつながれば何でも手に入る。あなたはただ基本のアイデアを考え出し、仲介し、戦略を練り、ビジョンを打ち立てさえすればいいのだ。

ジョイントベンチャーを利用する人にもっとも必要な要素は、より論理的でより批判的に考える能力だ。コラボレーションは本来、慎重を要するものだ。両者が対等でいられることは珍しく、常にどちらかが優位に立つ。

しかし、自分が意図する成果をずっと頭に描き続け、先にあなたが協力して相手の求める成果を達成させるまで（達成させない限り）、あなたの意図する成果も達成できないことを肝に銘じれば、驚くほど巧みに効果的なコラボレーションができるようになるはずだ。

重要なのは、結果を出すことだ。

相手に見返りを期待するなら、相手もまた、意味ある成果を得る必要があるのだ。

今度はあなたが指数関数的成功を経験する番だ。といっても、あなた独りで、というつもりはない。レバレッジングの最大の魅力は、関係する誰もが得をすることだ。あなたは、かつて経験したことのない成功を経験し、独りで手にした額をはるかに超える利益を手にし、夢にまで見たＱＯＬ（生活の質）を実現するだろう。

重要ポイント

- 企業家の本分は、結集された労力にレバレッジをかけること。人が欲しいと思っているものを手に入れさせることによって、彼らにあなたの欲しいものをすべてあなたに代わって手に入れさせること
- 自分で何もかもやらなければいけないと思っていると、ビジネスは長続きしない

・「すべて独力でやる」という発想を転換する。今日のビジネスでは無用の長物
・「よい」レバレッジは、計算・予測可能なROIの獲得を目指して行動を起こしたときに達成される
・「悪い」レバレッジは、どの程度のROIを生じるかを考えず、ただ最大の成果を期待して行動を起こしたときに起こる。よいレバレッジを選ぶこと
・ビジネスを拡げるタイミング、じっと待つタイミングを知る。はじめに最適化（すでにあるものを活かしきること）をしてからイノベーションに進む
・ビジネスを拡げ、ジョイントベンチャーを仕掛けるタイミングが来たら、仮定的な立場をとり、知識武装して臨む
・ジョイントベンチャーを断られたときの対処法は「共感」
・ジョイントベンチャーでは、理論にこだわりすぎない、大きく始めすぎない、怖じ気づかない
・最適化の理論を当てはめ、レバレッジのしかたを変える。売上の増大は、コンタクトを増やすことではなく、コンタクトの質を高めることから生まれる
・ジョイントベンチャーは無数のベネフィットをもたらす。その一部を挙げると、売上を伸ばす、クライアント（顧客）に付加価値を提供する、いち早く新興成長市場に参入できる、コストを分配できる、柔軟経営を実現する、リスクを減らす、社外の専門知識にアクセスできる、取扱商品を拡充する、新たな資産を獲得できる、コアビジネスに専念しながらビジネスを拡大できる

即実行

今すぐリスクの低い小規模なジョイントベンチャーを一つ起こす。実際にやってみることが常に理論に勝る。これを先延ばしにしないこと。したらあなたも、どんなに働いても儲からない九九%のビジネスオーナーの仲間入りだ。

第11章

景気に関係なく繁栄し続けるには

常に攻撃と防御を考える

あなたはたった今、ビジネスを停滞させる九つの要因、スティッキング・ポイントと、あなたのビジネスをそれぞれの行き詰まりから脱却させる秘訣を学び終えた。

この章では、ここまで議論した考え方が全体としてどのようにつながるのか、つぶさに見ていこうと思う。どうすれば経済危機をものともせず成長し続けられるか、その方法の核心部分に迫るところだ。この章を読み終えたとき、あなたには、創造的に、勤勉に、積極的に困難に立ち向かう心構えができていることだろう。

本書では、共感について再三取り上げてきたが、それにはきちんとした理由がある。それは、ふだんの生活はもちろんのこと、事業を経営している場合は特に、それが社会とつながる上であなたが持ち得るもっとも価値あるツールの一つだからだ。

あなたの会社と取引のあるさまざまな業者の態度や言動をよく見てみよう。あなたの競争相手は精神的に打ちのめされている。その営業・マーケティングはわずかな成果しか生み出していない。彼らには、テスト済みの実行計画がない。そして、失敗を逆手に取る積極戦略がない。そのため、彼らはもっとも典型的に、待機を決め込み、ひたすら経費節約に走るか、あるいは、景気がよかったときには経済の高波に乗って気づかなかったが、実は効果のなかった取り組みを今、さらに倍加して行なっている。

このとき、あなたはどうするか。

攻撃と防御に出る。攻撃では、このような逆境における隙間や弱み、隠れたチャンスを探る。それは山のように存在する。

防御では、効果の出ていないことをすべてやめる。成果をテストし、モニターし、測定する。用心深くしていれば、うまくいっていないものにはすぐに気づくはずだ。そして、時間とお金をそれ以上浪費しないようにすぐに手を打つことができる。そうすれば無駄を省き、資金を節約できる。

次にやるべきことは、ただ生き残ることだけを目指すのではなく、あなたのビジネスを確実に進化させ続けるために、変化を起こし始めることだ。

そこで、効果が出ていなかったからやめた方策に代わる、新しい方策を安全に控えめにテストし始める。最適化からイノベーションへの移行だ。このような市場環境では、非伝統的アプローチが一番強いという結果が出る場合が多い。

したがって、従来のメディアにお金をかけてより効果的な広告を打つのではなく、方向転換して新しい顧客を狙い、その顧客を引きつけるもっとも直接的でインパクトのある方法を探る。

方策転換のための直接的でインパクトのある方法

直接的でインパクトのある方法にはどのようなものがあるだろうか。たった今、第10章でジョイントベンチャーの重要性について話したばかりなので、そこから始めよう。

実行計画の第一ステップは、あなたが獲得しようとしている市場セグメントにすでにアクセス、信用、信頼関係を築いているグループとジョイントベンチャーを組むことだ。

それには、たとえばあなたが求めているのと同じ顧客に商品やサービスを売っている、あなたと競合関係にない事業者にアプローチする方法もあれば、まったく関係のない商品やサービスを、同じ影響力を持つ購買層に売る方法もある。あなたの顧客ターゲットがあなたの商品やサービスを買う直前、直後、またはそれと同時によく買う商品やサービスを売っている誰かにアプローチする方法もある。

あるいは、あなたの業界の全国または地域の協会、専門誌、団体を見つけ、あなたの商品やサービスを会員に推薦・促進してもらう方法もある。

こうした契約は、可能な限り、純粋な成果ベースとし、この契約によって生じた具体的な売上に直結した金額を販売者や推薦者に支払うようにする。あなたが狙う市場に商品やサービスを売っている会社の営業部隊と、これに似た取り決めを交わすことも可能だ。

売上が完全に干上がることはない

この戦略のミソは、推測に基づく固定的なコストだったものを、条件に基づく変動的で結果の確かなコストに変えることだ。しかし、これらのステップは、「経済危機中の成長」戦略の第一段階にすぎない。あなたの展望も修正済みのアプローチも、そのベースには、型にはまらない方法で市場へのより直接的で有利な、信頼性の高いアクセスを得るという狙いがある。そしてこれらは、あなたの競争相手がけっして追求しようとは思わないやり方だ。第8章で取り上げた、あなたの商品やサービスを他のどれをも凌ぐ商品やサービスにするという卓越の戦略の一部だ。

念を押しておきたいことがある。それは、はなはだしく景気の悪化した市場でも、売上が完全に干上がるわけではないということだ。人も企業も、物を買っている。商売は、完全には停止しない。これに気づくことがきわめて重要なのだ。

ふだん一カ月に一万件の売買取引がある市場で、取引が五〇〇〇件に落ちれば、それは問題だと人は思う。しかし、その生き残ってまだ元気な五〇〇〇件の取引を先回りして獲得する方法を見つけ、信頼できるソースを通じて否応なしの魅力的なオファーをすれば、その将来の顧客は、苦しいときに必要な解決を提供してくれたあなたから、いっそう離れられなくなる。ライバルが苦境のあまり周囲が見えなくなり、市場に対し意味ある働きかけができないでいるとき、そのときこそがあなた自身をもっとも信用信頼できるソースとして確立する最高のチャンスだ。

　他に利用し実行できる戦略を以下に紹介する。

コストのかからない成果ベースの広告契約を結ぶ

　経済危機においては、伝統的なメディアの広告効果も薄れると人は考える。ということは、メディア広告の売上は恐ろしく落ち込む。

　実はそれこそあなたにとって莫大なチャンスだ。なぜ、どんなふうにチャンスなのか。

　第一に、売上が芳しくないとき、メディアはさまざまな手段を講じる。そうした手段があなたに得に働く可能性がある。景気が悪化する前まで支払っていた広告料から大幅に値引きされた採算割れ価格で、新聞雑誌のページやラジオ・テレビスポットを買えることは間違いない。料金が高いときは、新聞や業界紙の全面広告、テレビやラジオのスポットを利用することが大きな損失につながる場合がある。

　しかし、これらもある一定のプライスポイントを切ると、途端にプロフィットセンターに変わる。だから再び大幅な値下げ交渉をする。

再交渉して安くなった料金よりもいいのが、いうまでもなく、固定していない料金だ。相手が断れないような提案ができれば、メディアとの成果ベースの契約にも数限りないやり方がある。

コストのかからない、成果ベースの契約を成功させるカギは、新規の顧客を得るためにあなたがどれだけのコストをかけられるかを知ることだ。単純にいっても、一つの販売取引を分析すると、そこにはさまざまな要素が絡んでいる。

- **新規の顧客の初回購入で得られる利益**
- **新規の顧客がその後の一年間でその商品を購入すると考えられる回数**
- **新規の顧客がその商品を購入し続ける年数**
- **新規の顧客がその購買サイクルの中で、メインの商品に加えて、またはメインの商品の代わりに購入すると思われる付加的な商品またはサービス**
- **そうした二回目以降に繰り返される売買で永遠に得られる利益**

この概念は、新規顧客の「生涯価値」または限界純資産と呼ばれる。この値を特定することができれば、メディア側が断れないような成果ベースのみの契約を有利な立場で交渉できる。どんなふうに可能なのか、お見せしよう。

仮にあなたがミネラルウォーターの宅配サービスを行なっているとしよう。新規顧客が他社に乗り換えるまでの最低三年間、毎月平均五〇ドルの購入をすることがわかっている。言い換えれば、新しい顧客を獲得するたびに、年間契約を三口分、または三年契約一口を月五〇ドルで結んでいることと同じだ。それで一八〇〇ドル。利益率は五〇%としよう。

その数字を武器に、ラジオ局やテレビ局、新聞社に行き、広告による新規売上一件につき二五ドル支払う広告契約を提案すればいい。資金やキャッシュフローが潤沢にあるなら、初回売上の全額（またはそれ以上でも）を支払うようにしても、まだ三年間で大きなＲＯＩを生み出すことができるはずだ。

利益の保証された投資チャンスをキャッチする

ほとんどの企業は、紹介客や見込み客、そして彼らを初回購入者に転換するためにコストがいくらかかっているか分析しようとしない。しかし、そのデータと顧客の生涯価値を知らない限り、メディアに対し、彼らにとっても魅力的な成果ベースの契約をもちかけることはできない。

この将来の収入の流れを呼び込むための資金を出せるだけの現金がない場合もあるだろう。しかし、利益が出たら優先的に返済を受けることを条件に、メディアに支払う成果ベースの報酬を立て替えてくれる個人投資家は探せば必ずいる。彼らはそうやって早く確実に投資回収するのだ。

彼らをその気にさせるには、相場以上の利息を払い、初年度の利益の一部という思わぬおまけをつけるという方法もある。

この方法を気に入っていただけただろうか。推薦者、ジョイントベンチャー、他社の営業部隊があなたのために新規の売上を獲得してくれるのだから、よくないわけがない。予測できない固定的な費用を、予測できる、利益の保証された、成果に基づく価値ある投資に変えることができれば、メディアとのジョイントベンチャーによって生み出される新規売上・新規顧客はすべて純粋な利益だ。

しかも、これは私があなたに提供できる、数ある刺激的な成長オプションの一つにすぎない。

競争相手に友好的買収を仕掛ける

もう一つ、別の方法を紹介しよう。

あなたの競争相手を見回してみよう。何社かは力があり、ふだんあなたは彼らとの比較で自分を評価している。しかし、圧倒的多数である、あなたより小さく、この経済状況では今にも潰れそうな競争相手についてはどうだろう。それらの会社が潰れ、その顧客の何人かを偶然獲得できることを黙って期待することもできるが、それよりもいい積極戦略がある。

それは、あなたより弱いが尊敬できる競争相手にコンタクトし、前金ゼロで彼らの有効顧客を買い取ることを申し出る。そしてその代わりに、あなたが注文やサービス依頼の対応を引き継ぎ、彼らには収入か利益の一部を継続的に支払うことを約束する。この取引なら両者ともに得をする。

その理由は、以下の通りだ。

仮に競争相手が自分の給料も出ないほど困っているとしよう。あなたが彼の資産（事業ではなく）を買い取れば、彼は従業員、製造、サービス、注文、クライアント（顧客）サービスなどをすべてとまではいかないが、ほとんど手放すことができる。仮に彼の年商二〇〇万ドルの事業が一二〇万ドルに落ち込んだとしよう。しかし、スタッフや備品購入といった間接費は年商二〇〇万ドルレベルに基づいているため、キャッシュフロー的にはものすごくダメージを受けており、破産手続きさえ考えているかもしれない。

ところがそこへ突然あなたが窮地を救いに現れる。あなたが、彼の顧客やサービスを引き継ぎ、あなたの会社で面倒を見ると申し出る。これによって競争相手は固定の間接費を最大八〇％削減し、設備をすべて売却し、施設の全部または一部を転貸して間接費・費用をさらに減らすことができる。

彼の顧客を譲り受けたあなたは、規模の経済を利用してその顧客をあなたのシステムに吸収する。したがって、あなたは追加コストなしで、たとえば五〇〇人の新規顧客を獲得する。今のあなたには彼らに楽に対応できる基盤と人員がある。たとえ競争相手から獲得した顧客からの利益を二〇～五〇％支払い、それを永久に続けたとしても、それでもあなたはこの取引で大儲けできる。

あるクライアントは、一年（彼の業界にとっては最悪の年だったが、クライアントにとっては最高の年になった）でライバル六社を相手にこれをやってのけた。彼のビジネスは三倍に拡大した。そして、赤字だったライバル会社は、何もしなくてもクライアントから送られてくる月々の利益の分け前のおかげで黒字転換した。

昨日までのライバルがトップ営業マンになってくれる

さらに、あなたの競争相手をスターセールスマンに変えることだってできる。どうやってかって？

競争相手の顧客を引き継ぎ、スタッフを全員または一部手放させ、間接費の全部または一部を削減させたら、彼らには暇ができる。その上、彼らはこれ以上間接費に向ける必要のない大きな収入をあなたから受け取る。競争相手は、いまや経済的にははるかに裕福だが、退屈している。

かつてやり手だった競争相手の多くは、優秀な営業マンや、メディアに通じたスタッフ、ネットワークの達人を優遇することで会社を繁栄させた。

しかし残念なことに、窮地に立つ起業家の多くは、ある一定の規模に到達すると、そもそも会社を大きくするためにやってきたことをやめ、すべてを管理しようとし始める。あなたには別の対処のしかたがある。

窮地に立つその競争相手を危機の呪縛から解放してあげれば、彼らは再び得意としていた販売やネットワーキング、メディア露出獲得などがやれるようになる。ただ今回、それをやるのは、あなたやあなたのビジネスのためだ。

かつてやり手だった競争相手はなぜ、あなたのために新規顧客やメディア露出を獲得しようと思うのだろうか。それはもちろん、その労力をこちらに振り向けたことによって生じる利益をすべてあなたが彼らに分配するからだ。彼ら自身のビジネス闘争から彼らを解放し、猛烈なパワーの矛先を変えることで、この苦しい時期、あなたのビジネスは一気に急上昇するだろう。

営業マンが新規顧客をどんどん連れてくる秘策

さて、次の戦略を説明しよう。

営業マンを抱える経営者が、経済危機においてビジネスを拡大するもっとも簡単で「気づかれない」方法の一つは、あなたの限界純資産をはっきりと知り、理解するようにすることだ。なぜか。

それは、新規の初回購入者を獲得することによって得られる継続的、反復的価値と利益に気づいたら、最初の販売で採算を割るという私のやり方を簡単に受け入れられるようになるからだ。それを一度の投資で得られる長期の見返りと見なすようになる。

そこで、初回販売の粗利がいくらかはっきりとわかったら、かなり刺激的なことができる。すべての競争相手のトップセールスマンにアプローチし、彼らが連れてくる新規顧客について一〇〇％（またはそれ以上）の利益をオファーする。彼らが雇い主を変えて、あなたのところに来ることを条件に。そして後から、現状レベル以上の気前のいいコミッションを支払っていけばいい。

なぜ、そうするのがいいのだろうか。それには多くの理由がある。

まず、ほとんどの雇い主は、営業部隊を正当に評価していない。起業家のクライアント（顧客）ベース、収益基盤、収入を生み出しているのは営業マンだという事実を見過ごしている。顧客との関係をコントロールしているのも営業マンだ。ほとんどの顧客は、その会社だからではなく、その営業マンだから買う。それでも企業の多くは、営業マンに対し尊大な振舞いをする。景気が悪いときにはプレッシャーをかけるが、成果に対して報酬を与えない。そして、営業マンの能力や価値を高める投資をしていない。

もしあなたが競争相手のトップ営業マンを狙って、魅力的な契約金と相場以上のコミッションまたは賃金の提供と、コンサルティング営業（第３章参照）や他の専門能力の訓練を約束したら、彼らはあなたに群がるだろう。

不思議なことに、ほとんどの起業家は営業マンをつなぎ止めておく制限的な雇用契約も、非競合条項も、保護策も持っていない。

したがって、あなたは多くの奮闘している競争相手の中から、合法的かつ倫理的にトップ人材やビジネスビルダーを好きなだけ引き抜ける。

私は以前この一つの戦略を使っただけで、クライアントのビジネスを四倍にしたこともある。

大切なのは敬意、称賛、評価、共感

直接競争相手にアプローチし、永久利益分配ベースで彼らの顧客を引き継ぐ話をもちかけるにしても、彼らのトップ営業マンを引き抜くにしても、提案、プレゼンテーション、そして気遣いや共感のこもった話し方まで慎重に計画する必要がある。

コラボレーションを成功させる一つのカギは、最初に、彼らがまだ提供されていないもの、達成していないものの中で何を一番求め必要としているかを正確に把握し、そしてあなたの見通し、計画、戦略が他のどの選択肢よりも優れた方法で早く簡単にそれを彼らに、彼らのためにもたらすということを示すことだ。まず、彼らがこれまでやってきたことに対し、敬意、称賛、評価、共感を表す。そうすれば、あなたの意図や計画を信用してくれるはずだ。

常に覚えておくべきポイントは、あなたのターゲットが感じていること、悩んでいること、求めているものを言葉にすることだ。彼らの気持ちを共有していることを伝える。あなたには、彼らが欲しいと思うものをわかっていて、彼らのためにそれを手に入れる明確で安全で直接的な手段があることを彼らに納得させることが大事なのだ。

購買に関してのハードルを下げる

さらに魅力的な、断れないオファーをする。

経済危機において、買い手の確信や動機の薄れとともに売上が落ち込むときには、たまらなく魅力的で、誰にもまねできない、断れないオファーをする必要がある。そして、この文脈において特に、買い手の生涯価値を忘れてはならない。どんな経済状況においても、あなたのゴールはできるだけ早く顧客との関係をスタートさせることだ。なぜなら、初回購入が早ければ早いほど、彼らは早く二度目の購入やその後の購入をしに戻ってくるからだ。

そこであなたのゴールは、景気のいいときも悪いときも、常に購買に対する彼らの抵抗を和らげること、エントリーのバリアを下げ、ハードルを低くする努力をすることだ。彼らが「ノー」というよりも簡単に「よし、いこうか」といえるようにすることだ。

以下の一つまたはいくつかを組み合わせて実行してみよう。

- **たまらなく魅力的な気前のいいリスク低減、「お試し」期間や商品、返金保証など、試しに一度買ってみずにはいられなくなるオファーを拡充する**

- 一回の販売に、さらに多くの特典、アドオン商品やサービス、または保証を追加し、見込み客が「ノー」をいえないような非常にお得な買い物にする
- 適用できる場合は、見込み客やクライアント（顧客）の支払いを延期する方法を見つける。商品やサービスを今すぐ持ち帰ったり使ったりできるが、危機状況が（表面上）回復した後での代金の支払いや払い始めを可能にする
- ふだんより多くのサポート、フォローアップ、ベネフィットを提供し、見込み客やクライアント（顧客）が安心してすぐに購入に踏み切れるようにする

もう一つできることがある。それは、現在の取引業者やあなたの仕事を欲しがっている新しい業者に援助を求めることだ。初回購入者やメディア露出、PRなどを獲得するための販促活動費やパートナーへの支払いといった投資に、資金提供や助成金という形で支援してもらう。第6章の教えを思い出そう。経費が利益を食い尽くさないようにしなくてはならない。一例を挙げよう。

第2章で、仲買業者の仕事をしていた私と共同経営者が「ウォールストリートジャーナル」紙の全面広告の広告費を投資会社に負担させたケースについて説明した。実は他にもある。セールスレターを五〇万人のクライアント（顧客）に発送する費用を人に負担させ、営業マンに払う「山分け」ボーナスを人に払わせ、「不況における投資」に関するハードカバー本の制作費と何百人何千人もの見込み客に配布する流通費を人に払わせた。基本的に、何もかも人に払わせてきた。

景気の悪いときもあなたが成長する（生き残り、成功する）ことを期待している取引業者がいたら、そのプロセスに投資させる。彼らが乗り気でなかったら、この本を読んでその気になっている業者を見つけるのも手だ。それもできなかったら、既存の業者と新しい業者の両方にこの本を買い与え、一番熱意のこもった充実したオファーやサポートを申し出た業者を選ぼう。

別のソースを利用して新しい市場に進出する

経済危機においては、あなたも競争相手もずっと同じ基本の市場ばかりに注目している可能性が高い。彼らのレーダーに映らない場所に移動すれば、無数の市場を自分一人のものにできる。

仮にあなたがリフォーム業者だとしよう。業界はかなり厳しい。しかし、選ばれた人々は、まだリフォームをしている。どうすれば彼らを競争相手より先に見つけることができるだろうか。

他社が皆、新聞広告やイエローページ一辺倒で顧客獲得をしているなら、あなたは見過ごされ、過小評価されている別のソースを利用すればいい。一カ所のリフォームを行なうインセンティブ（誘因）と別の場所のリフォームを行なうインセンティブには、経済的なつながりがある。

たとえば、キッチンをリフォームした人は、家の他の部分が一瞬にして相対的に古く見えることに気づく。そこで、カーペットを新しくしたり、ペンキを塗り直したり、車道、屋根、バスルームなどを直したりする。それは、プールやスパをあとからつくった人も同じだ。彼らは全体をやり直し、庭をイメージし直し、裏庭に家を増築したりする。

仮にあなたがバスルームのリフォーム業者だとしよう。あなたは、バスルーム以外のリフォームをする人、具体的にはキッチンのリフォーム業者、カーペット会社、屋根をふく人などのところへ行き、仕事が完了したら、そのクライアント（顧客）の名前を教えてもらうようにお願いする。彼らのビジネスは、潜在的にあなたの将来的ビジネスの巨大な源泉なのだ。

どんな市場にもニーズはある。それをいかに発見するか

景気が低迷していても、ビジネスは続く。景気は落ち込んでいるが、皆がカーペットの張り替えをやめたわけではない。皆がキッチンのリフォームや、敷地内の道路を舗装し直すのをやめたわけではない。

どんな市場にも、これらを行なう十分なニーズまたは欲求と経済力を備えた人が常にいる。

それが誰で、誰と取引をしていて、どうすればもっとも費用効果の高い、好ましい方法で直接彼らにアクセスできるかを見つけ出すのがあなたの仕事だ。

では次。あなたの基本ビジネスを見直してみる。

あなたが売っているものではなく、あなたがまだ売っていなくて、あなたの顧客やクライアント（顧客）のタイプが必要とし、欲しいと思い、経済危機においても買うものとは何か。

ほとんどの経営者は、自分は一つのカテゴリーの商品またはサービスを扱う限定的な専門業者だと思っている。しかし、あなたの顧客は、あなたから買う前、最中、買った後に補完的な商品、関連商品やサービスも買っている。あなたは、バックエンドの商品やサービスを追加することによって、収益を二倍にも三倍にも、もしかしたら四倍にもできる可能性がある。

それには、あなたのようにこの経済危機で奮闘し、柔軟で前向きな姿勢を持った品質の確かな業者と相互に有利な契約を結び、彼らから商品やサービスを調達して販売することだ。

毎年例外なく実践すべき三つの事柄

振り返って考えてみよう。既存顧客は他に何を欲しいと思い、必要としているか。買ってくれていない見込み客は、他に何を買いたいのか、買う必要があるのか。その「他の何か」があなたのビジネスにロジスティックに関連があるなら、それを調達し、顧客に試験的に提供してみる。それがすぐに思いがけないほどの大金をあなたの預金にもたらさなかったら、私は驚くだろう。すばらしい例を紹介しよう。

トム・フィリップスは、あるアイデアと一〇〇〇ドルの資金で、年商四億五〇〇〇万ドルの業界リーダーになった。どうやって成し遂げたか。景気のいいときも悪いときも、彼は毎年、例外なく三つのことをし続けた。

①毎年必ず、彼が売っていた商品やサービスそれぞれにつき、新しい市場に少なくとも一つ進出した。これによって第4章で取り上げた業績のばらつきとは無関係な高い業績レベルを維持できた

②毎年必ず、既存顧客向けに新しい商品またはサービスを最低一つ投入した。第5章で取り上げた戦略化のテクニックを覚えているだろうか。これもリストに加えておこう。既存顧客は、新しいものが何よりも好きである

③毎年必ず、数限りない基盤や顧客の中から、最適なベネフィットを得られると思われる新しい事業を、たいてい収益ベースで最低一件獲得した

友人のトムは、周囲の世界で起こっていることに関係なく自分のビジネスを拡大する技術をマスターした。彼のビジネスは、いいときも悪いときも常に成功している。

私の教えを実行に移せば、あなたのビジネスも間違いなくそうなる。

重要ポイント

- 不況によって競争相手が受けている精神的ダメージを見定める
- 攻撃と防御に出る。攻撃では、弱みや隠れた機会を探る。防御では、効果のないことをすべてやめる
- ジョイントベンチャーなどの新しい取り組みを控えめに安全に試し始める
- 限界純資産を測定する。ひいき客の生涯価値がわかれば、初回購入者を引きつけ、彼らをリピーターに移行させるためにいくら投資してもいいかが判断できるようになる
- 今が、メディアと契約して自分のビジネスを世に知らしめる絶好のタイミング。彼らも業績が落ち込んでいるため、有利な条件を提示してくる可能性が高い
- 競争相手の営業マンに好条件をもちかけ、引き抜く
- あなたにも競争相手にもベネフィットのある友好的買収をもちかける。ただし、相手への共感と敬意を忘れない
- たまらなく魅力的なオファーをする。保証、試用期間、アドオン商品、後払いプランなどをオファーする。ふだんよりサポートを強化し、クライアント（顧客）が安心して購入を決断できるようにする
- 競争相手がそれまでと同じ狭い市場にこだわっている間に、新しい市場に進出する
- どんなに景気が悪化しても、すべての購買がストップするわけではないことを肝に銘じる。まだ

活気のある取引や顧客をつかめば、あなたは生き残るだけでなく成功できる

即実行

「経済不況」と「経済活動の完全停止」を混同しない。あなたの競争相手が困窮しているのは、「誰も何もしない」と思い込んでいるから。

一方、あなたは倫理的に、礼儀正しく成長している。なぜなら、あなたはこういう考えの持ち主だからだ。

「パイは小さいかもしれないが、私の取り分はどんどん大きくなっている！」

終章

さあ、今すぐ行動を起こそう！

最小の労力で結果を最大にする

生まれて初めて自分の運命を完全に掌握したときの感覚を想像してみよう。競争相手や低迷する経済を恐れるどころか、革新的なことで対抗しようと俄然張り切っている。

その時が来たのだ。あなたは準備万端。将来の見通しも立っている。今のあなたには目標があり、そのおかげで予測できる明日の成果、来月の成果、さらには来年の成果がある。

その目標を達成するために戦略的プロセスを確立し、その目標を念頭にすべての事業活動を計画し実行している。

あなたの会社は、あなたが会社のために働く以上にあなたのために働いている。新規の見込み客を発掘する複数の取り組みを進め、彼らを終わりのない、長期的で体系的なプロセスを通して顧客へと移行させるシステムがある。質量ともに最高の紹介客を引きつける方法が確立されている。彼らもまたゆくゆくは同じシステムに乗って移行していく。

あなたには自分の市場に働きかける新しい手段がいくつかあり、絶えずそれを超える手段を求めて革新を続けている。革新によって現行モデルを時代遅れにすることを目的に、絶えず改善を目指しているため、業績は常に向上している。多様な資源、スキル、利益創出のパートナーとのコラボレーションを通して、レバレッジを一貫して拡大している。

あなたのビジネスはもはや行き詰まっていない。成長している。そして、その持続可能なシステムと予測可能な収益性のおかげで、価値ある資産になっている。

事業が行き詰まり、そこから抜け出せない九つの原因を特定し、分析してきた。そしてその停滞状態から、収益性を劇的に高めるために、そして楽しみのために、それぞれの領域でやるべきことを見てきた。レバレッジの多種多様な利点を探ってきた。

ここまで人の能力、時間、資源、人間関係にレバレッジをかける利点について見てきた。二一世紀のビジネス環境における成功のカギは、人と創造的に協働する能力を持つことだとわかった。どんな個人も、すべてを知ることはできないし、パズルのすべてのピースを持ち合わせることもできない。

行き詰まりから抜け出すとは、もっとも早く簡単に違いを生む方法を選び、「勝ち」を実現することだ。優先すべきは、これらのツールのどれが今現在、もっとも簡単に実行できるかだ。

最小の労力で結果を最大にする明快な解決策を見いだすこと、そしてそのプロセスも楽しむこと。続ければ、順風満帆な将来が待っている。

もちろん、常軌を逸したことは常に起こる。しかし、あなたは競争相手の誰よりもはるかに対応力がある。そして、あなたが新しい市場に飛び込み、自分のものにするまたとない機会をつくるのは彼らの「行き詰まり」にほかならない。だからその第一歩を踏み出そう。

あなた自身を行き詰まりから脱出させるときだ。私は応援している。

今すぐ行動を起こそう。

監訳者からのメッセージ

❖——ジェイ・エイブラハムという巨人

本書の著者であるジェイ・エイブラハムが、日本で一般の事業者向けのマーケティング手法の向上に寄与した役割は少なくありません。

二〇世紀の中頃の大量生産、大量消費の時代には商品を市場に押し込むため、ターゲットを特定せず、すべての消費者を対象にマスメディアを活用して行なうマスマーケティングが行なわれていました。

しかし、消費者の価値観が多様化、細分化するに従って、プロダクトアウト的なマーケティングではなく、顧客のニーズに応じてきめ細かい訴求を行なうマーケティング手法が必要とされ、レスター・ワンダーマンを創始者とするDRM（ダイレクト・レスポンス・マーケティング）の手法が生まれました。このDRMの手法は、日本においては通信販売業者などプロの世界では一般的な技術でしたが、広く中小企業にまで下りてくる技術ではありませんでした。

それを、一般にまで下ろしてきてわかりやすく解説したのが、ジェイ・エイブラハムの『ハイパワー・マーケティング』（インデックス・コミュニケーションズ）の旧版の『お金をかけずにお金を稼ぐ方法』（PHP研究所）でした。

ジェイは、同書で卓越の戦略、アップセル／クロスセル、ＵＳＰ、先制のマーケティング、リスク・リバーサル、Ａ／Ｂスプリット、紹介システム、ジョイントベンチャーなどの概念を紹介しましたが、その内容は当時の中小企業経営者には斬新な概念として驚きとともに迎え入れられました。

いつの時代も、プロ向けの技術を大衆に普及させる活動というのは爆発的なニーズを持って歓迎されるものです。

たとえば、僕は不動産業界で、投資ファンドの金融工学の理論と一般のアパート大家さんの技術の差に着目して、一般の大家さんに向けた数値に基づく投資手法を解説した『不動産投資の破壊的成功法』（ダイヤモンド社）という著書を出版、それまで個人的な体験談の域を出ない大家さん本しかなかった不動産投資本のジャンルにおいて、知識の体系を提供して個人向けの不動産投資のベースをつくり、同書はベストセラーとなりました。

僕は、プロの金融工学の理論を個人投資家の不動産投資の分野で再構築し直したにすぎませんでしたが、そのわずらわしい作業をする人間がこれまでいなかったため歓迎されたわけです。

これと同じように、ジェイ・エイブラハムは、大衆向けのＤＲＭ手法を解説した書籍によって、その後の日本のマーケティング関連書に多大な影響を与え、進化を促したということができます。

ですから、勉強熱心なあなたならば、本書を読んで、「このテーマはあの著名マーケターが書いていた内容と同じじゃないか」とか、「あの仮クロージングの手法は別のマーケターの書籍にあるものとそっくりだ」などと感じるかもしれません。

なお、ネットなどではＤＲＭに一〇〇年以上の歴史があると書かれているケースがありますが、ワンダーマンがＤＲＭの手法を提唱したのは一九六〇年代です。

❖『ハイパワー・マーケティング』から何が深化したのか

ジェイの前著『ハイパワー・マーケティング』は、基本的なマーケティングの概念を事例を含めて解説する内容になっています。ＵＳＰなどの基本的な概念についての知識がない方は、こちらも合わせてお読みになれば、理解が深まるでしょう。

それに対して、本書は『ハイパワー・マーケティング』で解説されている**基本的な概念を操作しながら、行き詰まり要因（スティッキング・ポイント）を解決して、現状を変えていく内容**になっています。本書の表現を用いるなら、それは制約をハンマーで打ち砕くような、強力なノウハウといえるでしょう。

キーワードは「スティッキング・ポイント」と「複数の変化」です。

「経済的な危機においては、ポテンシャルを高めるよりも、障害を除去することが必要。また、経済的な危機の中では同じことを続けるのではなく、変えていくこと。それは、最適化の後にイノベーションが続くこと」

これが、本書の核となる概念です。

『ハイパワー・マーケティング』が基本編だとすると、本書は特定の環境下でのさまざまなマーケティング手法の具体的な適用編ということができるでしょう。

マーケティングの持つ底知れぬパワー

僕が監訳を務めた『ハイパワー・マーケティング』の刊行から五年近くが経ちました。

マーケティングの力は、事業を形成する核となります。この間に僕の事業も変わりました。

行政書士の全国チェーンをつくっていく傍らコンサルティングの仕事もしていた僕は、コンサルティングについては一切やめて、収益不動産のネット通販事業によって、毎年五億円内外の手数料が流入するようになりました。ごく小さな組織で一億円以上の収益不動産を年間一六〇棟仲介できるようになったのは、ＤＲＭによるところが大きいです。

さらに、あれから三軒のホテルを買収して、マーケティングによってホテルの再建を果たしました。

また、ジェイの事例でも歯科医院についてはしばしば取り上げられますが、僕も地方において歯科医院をゼロから立ち上げ、初年度一億円、二年目には県下でインプラントの植立ナンバーワンの実績を出しました。その他、ここでは詳細は挙げませんが、いくつかの事業に投資して、マーケティングによって事業を成功に導きました。

毎年が新規ビジネスの立ち上げの連続でしたが、いずれの事業も多少のトラブルがあったとしてもマーケティングの力で軌道に乗せることができました。

これは、新規事業一〇件のうち九件が失敗に終わるといわれる現状では非常に喜ばしいことで、改めてマーケティングの力の偉大さについて考えさせられます。

自分がこの五年弱の間に個人事業主から事業家へと変わることができたきっかけとしての「マーケティング」というスキルに感謝しています。


その意味では、本書はこれから起業する方にはぜひ読んでいただきたい一冊です。

起業において失敗する原因は多様ですが、少なくともその中で必要な売上高を達成できないことが大きな原因を占めることは間違いありません。

会社を独立される方は、前の会社でのノウハウがあるから起業してもうまくいくと考える方が多いようです。しかし、マーケティングによってお客さんを惹きつけることができなければ、どんなにその事業のノウハウがあっても成功できません。

逆に、その事業のノウハウがなくても、マーケティングの技術さえあれば、ノウハウを持つ人間と共同で事業を興すことは十分に可能です。

その場合、分野には関係なく、あらゆる事業に進出することが可能となります。

僕が他人へのコンサルティングをやめた理由は、僕が資金を投資して、事業のノウハウを持つ人間と組んで事業を興すほうがリターンが大きいからです。ノウハウは持つけれど、資金とマーケティング力がない人と組むことはお互いにウイン・ウインの関係をつくれますので。

そうやって、僕は異分野に進出してきました。

❖ 歯科医院の立ち上げで使ったマーケティング手法

歯科医院の立ち上げでは、業界の人間がやりそうなことは一通りやりました。

野立て看板、フリーペーパー、折り込みチラシ、記事広告、店舗看板、院内広告、顧客紹介ツール、リピート促進のための来院促進電話。媒体の効果測定をしながら、緻密に広告投資を行ないました。

ただ、これらはどこの医院でもやっていることです。僕は広告のプロですから、他の医院と同じ媒体ならクリエイティブ面では僕がつくった広告のほうがずっと反応がいいです。そのため、他の医院が媒体で採算がとれないケースでも採算がとれるという強みはありました。

ただ、それだけで県下でナンバーワンになれたわけではありません。

最大の起爆力になったのは、電話営業です。


僕は、歯科医院の基本は電話営業にあると思っています。不動産の業界で電話営業は当たり前です。僕の不動産会社では、イベントの開催と参加者への電話営業を基本としながらセールスをしています。これを、歯科の業界に応用したわけです。

本書でもカイロプラクティック関連機器を販売している人が会員制高級リゾートの手法を採用して「宿泊、食事、航空券すべて負担」して、「あの手この手を使ってとにかくその場所を見に行かせようとする」話が出てきますよね。

それと同じで、異業種で採用されている方法を使って集客をしたわけです。


具体的には、最初にその地域のメディアを活用して、インプラントセミナーに関する紹介記事を書かせたり、もろもろのプロモーションを展開することでエリアの見込み客を集めます。

その段階では、一切売り込みはしません。

次に、セミナーに集まってきた見込み客を対象にして、よく練り上げられた画像、動画などを利用しながら、インプラントのメリット、デメリットについて事細かに説明します。

その際には、きちんとデメリットを開示する両面提示によって見込み客にこれが売り込みではないこと、選択する自由があることをはっきりと認識してもらいます。

その上で、インプラントを受けるにあたっての歯科医師の選び方についての基準を提示します。

本書で「卓越の戦略」としてチェット・ホームズが行なっている「まず、消費者にその市場で商品やサービスを買うときの購買基準を伝える。その上で、自社の商品やサービスだけが唯一その基準を完全に（またはそれ以上に）満たすことを確実に納得させる」「あなたの会社が特定の基準を満たす唯一の企業になれないなら、競争相手よりも先に、その基準と、自社がその基準を満たしていることを市場に伝えよう」という戦略を採用したわけです。

それによって、大なり小なり同じような施術内容の歯科医院がどんぐりの背比べをしている中で、比較的高単価であっても患者さんの満足度の高いサービスを提供できる唯一の存在として市場で認識されるようにしました。

❖──異業種からのノウハウを注入する

そのあとで、セミナーアンケートに個人的な不安点を記入してもらって、後日そのアンケートの記入内容をもとにセミナー参加者全員に電話営業をかけるようにしました。

基本的には、アンケートですでに不安内容について把握できていますので、対処法を十分に準備して不安点はすべて潰すような段取りをつけてから電話します。

そして、その点についてのさらに深いカウンセリングを受けてもらうために来院してもらいます。

この時点で、ほとんどの患者さんは自費治療の依頼をしようという腹積もりで来ていますので、かなりの高確率で依頼につながります。


大体において、通常の歯科医院は患者さんの教育機能というものを完全に、あるいはほとんど放棄しています。

治療のためではなく、勉強のためであってもクリニックに来てはいけないということはないわけです。クリニックにセミナー室があって、常に啓蒙活動を行なって将来の患者さんとなってくれる人たちを惹きつけていくということは大きな見返りを伴います。

ですから、すぐに診療報酬にならないからといって啓蒙活動を行なわなくてもいいということにはなりません。


つまり、「イベント」「卓越の戦略」「コンサルティング営業」などを活用して依頼につなげているというわけです。

これは、実際には細かい広告のクリエイティブの問題や、接客マニュアル、スタッフのテレマーケティングのスクリプト、イベントの内容に関する綿密なすり合わせなどが一体となって成果をあげているものですが、それでも一番大きく寄与しているのは、歯科医院経営を電話営業を基本にして行なうという異業種からのノウハウの注入です。

激変した状況に自らをどう対応させていくか

さて、この五年弱の経済環境の変化によって、広告の費用対効果にもかなりの違いが出てきました。

一つはテレビＣＭの費用対効果の面。

サブプライム問題に端を発する経済危機以前に、僕は一棟もの収益マンションの通信販売をする事業のために年間一億円を超える金額を広告に投資していました。

その当時の僕は、年収も貯蓄額も数千万円程度のいまだ富裕層とはいうことができないアッパーミドル（準富裕層）をターゲットとしていたため、広告媒体もそのような媒体に絞り込んで訴求していました。

具体的にはテレビ東京系で夜一一時から毎日放映されている経済番組「ワールドビジネスサテライト」の前後のスポット枠を狙った広告で、アッパーミドルを集めていたのです。

理由は簡単で、日々の市況や経済情勢を放映している番組ですから外資系投資銀行など金融関係の仕事をしているアッパーミドルが多く見ていました。

そして、アッパーミドルはハードワーカーであるケースが多く、夜七時から一〇時のゴールデンタイムに在宅していることは稀なため、彼らが帰宅する夜一一時という時間帯はベストでした。

僕にとっては、夜一一時以降の時間帯がゴールデンタイムというわけです。

年収数千万円の高所得サラリーマンが、短時間労働で夜の七時にお茶の間でテレビを見ているということがちょっと考え難いことはご理解いただけると思います。

このCMによって、会社の知名度は向上し、会員も順調に集まって、手数料ベースで年間五億円の収入が入ってきていました。

この時点では、テレビCMは集客にきちんと寄与していました。

しかし、その後の金融危機において、当初ターゲットとしていた金融業に従事する外資系の顧客は次々に職を失い、また給料が激減していく状況になりました。

そうなってくると、販売する不動産の裏付けとなる融資を行なっていた都市銀行も、外資系に勤務している人はいくら高収入であっても、属性的には収入が安定せず融資を出しにくい人たちというように位置づけ、融資を行なわなくなりました。

金融危機前にメインのターゲットとしていた人たちの市場というものが、突如として消滅してしまったのです。

これは、同じ属性の人たちをターゲットとする月の家賃が一〇〇万円を超えるサービスアパートメント（家電、家具などが備え付けられていて、コンシェルジュサービス付き賃貸マンション）の運営をしていた会社が事業から撤退したことからもわかるように、その市場自体が急激に縮小してしまったと見て間違いありません。

そんな中で、「ワールドビジネスサテライト」の時間帯を中心として、金融マンを狙った僕のテレビCM戦略は終焉を迎えます。

それと、相前後して、各局のCMの審査基準（業種や商品による縛り）が緩和されました。

経済環境が悪くなって、広告主が激減したため、これまで厳格だった基準を若干緩めてでも広告主を探さないとCM枠が埋めきれなくなったからというのが理由でしょう。

テレビCMから撤退を決めたのは、単にメインのターゲットがいなくなったというだけでなく、広告の反響がどんどん落ちてきていることに疑問を持って、仮に大幅に値引きしてもらってもテレビC

Mが採算がとれなくなったと感じ始めたことも要因です。

同じことを、他の広告主も感じ始めていたのだと思います。だからこそ、広告の出稿量が減少していたのでしょう。

仮に、経済状況が悪くなっても、きっちりと広告の反応があり、採算がとれているのなら、どのクライアントも広告を出し続けていたでしょう。

確かに、僕がターゲットとする市場は消滅したかもしれませんが、他のターゲットに向けた商品を取り扱う会社なら、採算さえとれれば広告を出し続けることに意味がありますので。

そうではなく、広告自体が採算がとれなくなってきているから、他の広告主も広告を減らしたのだと思います。

一言でいえば、大衆がテレビを見なくなった、あるいは見ていても物を買わなくなったということです。

もう一つの変化は顧客獲得単価の高騰です。

これは、必ずしもテレビCMだけに限らず、ネット広告、紙媒体など媒体を問わずいえることです。

景気が悪いから、今まで買えていた人も買えなくなる、あるいは買えても買う気が起きなくなる。

そうすると、同じ広告を打った場合でも、反応する人の数が減少するため顧客獲得単価は高騰していくわけです。

このような状態になったときに、本書にもあるように「不況と聞くだけで人は動きが鈍くなる。何をしたらいいのかがわからず、何もしないか、もともとうまくいっていなかったことをますますやるようになる」といった状況では、そこから抜け出せないでしょう。

同じやり方を続けて、広告出稿量を増やしても、採算がとれていない状態を拡大するばかりですから、意味がありません。

実際、経済環境が悪くなったときにはそれぞれの媒体の反応率を細かくチェックして、いけている媒体は残していけていない媒体を切るという作業を定期的にやっていく必要があります。

これによって、採算がとれる媒体にだけ出稿しながら、新たな出稿媒体を探し続ければ、顧客獲得単価の高騰はある程度抑制することが可能です。

ただ、僕の場合には市場自体が消滅していましたので、そのような方法だけでは十分な対処ができませんでした。それで、僕はターゲット顧客を変えました。

それまでのアッパーミドル層から、ミドルクラスの顧客にターゲットを変更するとともに、それまで二億円以上の投資用マンションを中心に販売していたのを一気に一億円前後の商品ラインに引き下げ、必要とする自己資金も二〇〇〇万円弱で購入可能なようにしました。

❖──顧客が完全に消えてしまったわけではない

ただ、このような不況下においても年収が六〇〇万〜一五〇〇万円くらいの層というのは意外と底堅いです。

外資系金融マンのように、年収が数千万円から億に跳ね上がったりはしませんが、逆に年収が激減することもなく安定性が高いですし、リストラのリスクも外資系金融マンのようにはありません。

市場には、経済環境によって急激に増減する部分と、経済環境の影響をそれほど受けない部分があります。

ミドル層が仮に給料が急激に減らされるようなことがあれば、子どもが私学に行っていた場合退学させなくてはならなくなったり、住宅ローンを組んでいた場合払えなくなって追い出されたりといったように、ライフプランが根底から破壊されて社会不安が発生します。

ですから、年収が六〇〇〇万円の人が二〇〇〇万円になることはあっても、六〇〇万円の人が二〇〇万円になることは、あり得ません。
少なくとも、今一〇〇年に一回という金融危機で失業率が急速に上昇している中にあっても、こんなことは起こりませんでした。
だから、経済環境の影響をそれほど受けない部分をターゲットにしていくことで、急激に増減する部分をターゲットにした場合と比べてリスクを低くすることができます。
本書で述べられている売上が安定しないことへの対処策は、顧客を安定的に育てるシステムですが、僕はこれに加えて顧客の中でも安定している部分にターゲットを向け変えるという対策が有効なのではないかと思います。

僕のところには、顧客リストが三万五〇〇〇件ありますが、金融危機以前は、収益用不動産の取引は非常に活況で、アッパーミドル層間で投資物件の取り合いになる状況で、属性の低いミドル層はそのような競争の中では出る幕がありませんでした。

ところが、アッパーミドル層が消滅して、改めてミドル層をターゲットとした商品につくり替え、その人たちに訴求するポイントを変えることで再び顧客を集めることが可能になりました。

ジェイは本書で「ビジネスで成功するとは、人が気づいていないニーズやニーズの変化を見つけ、自分にしかない知恵や共感、理解のしかたでそれに応える、それだけのことだ」と述べています。

まさに、その通りだと思います。業績が悪くなると新しい分野を探して状況を打開しようとする企業が増えると思いますが、わざわざ新しい分野を探さなくてもニーズの変化を見つけて対応するだけでも問題が十分に解決できる場合も多いですから。

具体的には僕は、先に述べた商品の価格帯をミドルクラスに合わせただけではなく、ファイナンスの仕組みも変えました。

それまでメガバンクは少額の自己資金でアパートローンを組めるようにしていたのですが、金融危機以後は自己資金比率を引き上げてきました。

この段階で、巨額の金融資産を持たないミドルクラスにとって、不動産投資は手の届かないものになってしまいました。

メガバンクが要求する三〇％の自己資金に諸費用を入れると二億円の物件の場合には、七四〇〇万円の自己資金が必要になってきますが、これはミドルクラスにとって負担できる金額ではありません。

そこで、少額の自己資金で収益不動産を所有したいという欲求を持つミドル層のために新たに、地方銀行、ノンバンクなどを開拓して、自己資金一〇％と諸費用で物件が取得できる仕組みをつくりました。

これを商品価格の引き下げと同時に行なったため、一億円の物件であれば、一七〇〇万円の自己資金があれば取得できるようにしたわけです。

これによって、ミドル層にとっても不動産投資を楽しめる環境をつくることができました。

今も昔も、億単位の金融資産を保有する富裕層に対するプライベートバンキングの情報は溢れ返っています。

ところが、金融資産一億円以下の人に対する資産運用情報というのはこれまで非常に限られていて、金融資産数千万円程度のアッパーミドルクラスは銀行には相手にもされませんでした。

そこを突いて、アッパーミドル向けの事業としてスタートしたのが、僕のサービスでしたが、アッパーミドル層の縮小によって、僕はミドル層に対するサービス提供を始めました。

となると、ミドル層はそもそも銀行で融資取引をしたこともないような層なので、僕が銀行との交渉を代行してあげてファイナンスのスキームを組み立てること自体が、商品の付加的サービスとしては非常に（時として商品以上に）意味のあるものになったわけです。

本書でもハワード・ラフの事例が出てきます。

「彼は自称、中流階級投資家の『擁護者』だ。富裕層向けの情報ばかりが豊富で、中流階級の投資家たちが相手にされていないのに気づいたラフは、こうしたまだ金持ちでない人々向けにアドバイスを提供して大成功した」と出てきますが、それと同じ戦略を僕はとっていたわけです。

あなたの会社に既存の顧客の名簿があるとしますよね。

その名簿の中で、ちょうど本書に出てくるお医者さんにターゲットを絞って高級自転車を売る事例のように、何らかの顧客属性の共通項があるとします。

その属性に向けたピンポイントの訴求をするだけで、それまでほとんど反応がなかった顧客から急速に売上をあげることは可能です。

そのために、商品、パッケージ、ファイナンス（ローンが組めたり、リースにできたりといった販売に関連する金融サービス）、訴求ポイントなどを調整することはコストがほとんどかからないにもかかわらず、大きな投資効果を生みます。


また、不景気には悪い側面もありますが、いい側面もあります。


たとえば、僕の販売している収益不動産は一面では、安定した家賃収入を生み出すことで、リストラの危機や、ボーナスの減少などのリスクをある程度カバーできます。

人間は不景気になると保守的になって、なかなか新しいことをやろうとは思いませんが、逆にリスクをカバーできるものには投資しようという意欲がわきます。

僕のところには、景気のいいときにはもっと資産を爆発的に増やそうという積極的な投資家たちが相談に来ましたが、不景気になると収入減少のリスクを減少させるために保守的に資産運用をしたいという方が来ます。

積極派が減った一方で、保守的な運用に対するニーズが高まっているわけですから、そのような層に対するアプローチをすすめていけば、不景気にもプラスの側面があります。

一つの扉が閉まれば、別の扉が開くことは世の中ではよくあることです。ですから、悲観ばかりしていないで、その別の扉を見つける必要があります。

本書のジョイントベンチャーに関連して、どのような業種とジョイントベンチャーすればいいかの考え方の一つとして、不況に強い業種について最後に触れておきます。

お互いにメリットがあるすぐ隣の畑の事業が簡単に見つかれば、それに越したことはありませんが、そうでない場合には不況に強い業種とジョイントベンチャーするほうがそうでない業種と組むより成功率も高いと思いますので、参考までに僕の考えをご紹介します。

❖——不況下でもきっちりと稼げる業種

不況といっても、すべての業界が悪いわけではありません。

どれほどの経済危機であっても、きっちりと稼いでいる業種もあります。

①保守・修理・リサイクル・DIYに関連するビジネス

物が売れなくなっても新品を買わなくなるだけで、修理とか保守とかのビジネスは繁盛するわけです。新品を買わないでも済ませられる場合には、リサイクルショップを利用するでしょう。新車を買わなければ、自動車のメンテにお金をかけたり、車検を通すことで乗り続けようとしますね。

そうすると、修理とか保守に関連するビジネスが繁盛します。また、買って済ませていたものを自分でＤＩＹでつくって節約するようになるのでホームセンターもいけますね。

②医療関連のビジネス

経済環境が悪化してくると、経営者でしたら事業運営上のストレス、社員でしたら目標未達とかリストラによる職場環境の悪化によるストレスなどにさらされて疾患が増えてきます。そのようなストレスに対処するための胃薬などの医薬品はよく売れますね。最近は、医薬品のＣＭがやたら多いですよね。これは、ＣＭの空き枠が増えてバルクで買っているところが出ているという面もありますが、実際にストレスによる疾患が増えて売れ行きもよくなってくるという点も見逃せません。

③最低限の衣食住

衣食住に関連するビジネスは景気がいいときには機能性とは無関係な高級なものが人気となりますが、景気の悪化に伴って最低限の機能に絞り込んだ低価格のものに人気が集中していきます。たとえば、ユニクロの衣料とか、ＩＫＥＡの家具とか、ディスカウントストアなんかもそうですね。

食の分野では、六本木界隈の高級店が外資とか金融マンとかの接待の需要が激減してピンチですが、家で食事をとる人が増えますので、食品会社のＣＭも多いですね。ただし、この食品会社のＣＭもバルクで買われることが多いですが。

僕が経営している宿泊特化型のホテルも不況に強いということができるかもしれません。不況になると出張の予算も絞り込まれることになります。そうすると、ホテルの宿泊にしても地域最安値のホテルは最後まで残りますが、価格が高いホテルはガラガラになります。

実際、都心に進出してきた外資系のホテルは、外資、マスコミなどが利用を控えるようになった現在は経営状況が厳しいです。一泊三万円のホテルに泊まるお客さんはそうそういませんので。

④現実逃避のビジネス

現実逃避のビジネスといえば、これは、ずばりＷｉｉなど家庭用ゲームでしょうね。ゲームは長時間やってもお金がかかるわけではありませんし、苦しい現実から目を背けて没頭するのにうってつけです。他には、一般的にはギャンブルが入るのでしょうが、消費者金融の規制の関係もあり、消費者金融で借金をしてギャンブルというパターンが有効に機能するとは思えません。ギャンブルとか風俗産業も景気の影響を受ける可能性はあります。

⑤資格ビジネス

資格ビジネスも不況下では注目の領域といわれます。このあたりになってくると、もはやお守りとしての効果を期待するぐらいしかご利益はなさそうですが、資格学校で資格を身につけて自分の価値を高めるということなんでしょう。

僕は、この自己投資という名の麻薬には手を染めるべきではないと個人的には考えています。今どき、士業で資格だけで食べていけるのは宇宙飛行士くらいですし、歯科医院も、景気の影響はもろに受けています。昨今は自費診療の患者さんが激減しています。

逆に、公務員試験の勉強はいいかもしれませんね。日本がＩＭＦの管理下にでも入らない限り、公務員がリストラされることは考えにくいですから。

⑥生死に関連するビジネス

癌の治療とか、生死に関連する薬とかは、金がないからといって節約することはあり得ないでしょう。葬儀もオプションの客単価自体は若干安くなるかもしれませんが、肉親が亡くなったのに「今年は葬儀を挙げる金がないから、とりあえず物置にでも死体を放り込んでおいてくれ。葬式は来年するから」というわけにはいきません。

⑦インフラビジネス

いくら景気が悪くても、電車に乗らないわけにはいきませんし、電気、ガス、水道なんかも節約することはあっても使わないで済ますわけにはいきませんね。

⑧利は元にありビジネス

企業買収などは、これからますます倒産が増えてきますし、安く取得できますのでチャンスです。収益不動産も価格が下落して利回りが上昇しますので、チャンスです。いずれも、取得価格が平時にくらべて安くて済むため利益が生まれるという構造です。マイホームを現金買いするのも、このような時期に買えば非常に有利な取引ができます。

⑨その他

不況になると女性は結婚によって生活を安定させるために結婚願望が強くなります。そのため、「年収一〇〇〇万円以上じゃないとイヤ」などという希望条件のバーが下がるかもしれません。男性にとっては結婚しやすい環境になる可能性もあります。また、結婚仲介事業にとっては追い風かもしれません。

珍しい美術コレクションなども、不況下でないとめったに売りに出ないものが売りに出されて手に入る可能性が出てきます。経済的に余裕があって欲しいものがある人にとっては、不況はそんなに悪い話ではないということになります。

以上のように、ちょっと考えてみただけでも景気が悪くなっても大丈夫な業種というのは結構あります。ご自身がこれらの業界に属さないとしても、ジョイントベンチャーで事業をやるという可能性はあるかもしれません。

❖ 一生もののマーケティング・バイブル

いろいろと書いてきましたが、今後経済が一層めちゃくちゃな状態になっても、失業率がとんでもなく跳ね上がっても、国政が混乱して株価が暴落しても、本書で述べられているマーケティングの技術を活用していけば、十分に成長は可能です。

事業家が人生のうちで身につけなければならない技術を一つだけ挙げろといわれれば、僕は迷うことなく「集客の技術」だと答えるでしょう。それは、マーケティング力そのものです。

また、僕らが事業家として成長し続けたいのならば、一度集客の技術を身につければそれでいいとするのではなく、生涯身につけ続ける必要があると思います。

あなたが本書を一生もののマーケティング・バイブルとして繰り返し読み、そして不況下においてもご自身の事業の成長を達成されることをお祈りいたします。

金森重樹

【著者略歴】

ジェイ・エイブラハム（Jay Abraham）

カリフォルニア州ロサンゼルスを拠点とするエイブラハム・グループ・インクの創設者でありＣＥＯ。過去25年間で世界各国、400業界に及ぶ１万人以上のクライアントの問題解決と業績向上に尽力する。

「ＵＳＡトゥデイ」「ニューヨークタイムズ」「ロサンゼルスタイムズ」「ワシントンポスト」「サンフランシスコ・クロニクル」「ＯＴＣストックジャーナル」「ナショナル・アンダーライター」各紙、「アントレプレナー」「サクセス」「インク」各誌ほか、数多くのメディアから「マーケティングの天才」と高く評価される。

クライアントは、大手企業トップから小規模事業主まで多岐にわたる。そのたぐいまれな努力と発想で、何百万ドルもの利益成長をもたらすとクライアントの間で定評がある。

ロサンゼルス在住。


【監訳者略歴】

金森重樹（かなもり　しげき）

ビジネスプロデューサー。

1970年生まれ。東京大学法学部卒。不動産会社、ホテルチェーン、行政書士事務所などを経営。株式会社金森実業代表。25歳、年収240万円のフリーターのときに1億2700万円、年利24%の借金を負う。自己破産もできない状況から、ジェイ・エイブラハムなどの米国流ＤＲＭに学び、マーケティング技術を極め、10年かかって借金の返済に至る。マーケティングの鬼才として名を馳せ、発行するメルマガ「回天の力学」（まぐまぐID 0000086027 ）は購読者数18万人を超える。

主な著書に『不動産投資の破壊的成功法』（ダイヤモンド社）、『超・営業法』（ＰＨＰ研究所）、『お金の味』（大和書房）、監訳書に『ハイパワー・マーケティング』（インデックス・コミュニケーションズ）、『自分の小さな「箱」から脱出する方法』（大和書房）など多数。

http://www.28083.jp

装幀……………………………清水良洋（Malpu Design）
本文デザイン・DTP ………ムーブ
翻訳協力……………………株式会社トランネット、石原　薫
監訳者エージェント………アップルシード・エージェンシー
http://www.appleseed.co.jp/

クラッシュ・マーケティング
ビジネスの停滞要因《ていたいようういん》＝スティッキング・ポイントを破砕《はさい》する9つの方策《ほうさく》

2009年11月18日　初版第1刷発行

著　者――ジェイ・エイブラハム
監訳者――金森重樹《かなもりしげき》
発行者――増田義和
発行所――(株)実業之日本社
〒104-8233　東京都中央区銀座1-3-9
電話 03-3562-4041（編集部）
03-3535-4441（販売部）
http://www.j-n.co.jp/

印刷所――大日本印刷(株)
製本所――(株)ブックアート

ISBN978-4-408-10783-7（学芸）